父の遺した三十一文字。

髙橋一起

作品社

父の遺した三十一文字。　目次

父の遺した三十一文字。

子どもの頃の夕暮れ時の思い出は、
焚き火の匂いがしています。
そばには老人がひとり佇んでいます。
それは父だったのかもしれませんが、
もういまでは自分であるような気もします。

髙橋武夫の生まれた家と時代。

父、髙橋武夫は三輪林吉、キヌの四男として、明治二十九年（一八九六年）十月一日、広島市東魚屋町（現広島市中区立町、本通り）に生まれました。

家業はわかりません。三輪は代々神職につくことの多い姓ですが、東魚屋町だったあたりは当時もいまも商業の中心地、飲食店の多い繁華街です。なんらかの商いをしていたのではないでしょうか。

父は生まれた次の年、明治三十年十一月一日、一歳と一か月で髙橋家に養子に出されました。

出されたといっても、父がとくに悲運を背負っていたというわけではありません。兄弟姉妹が均等に財産を相続する現代とは違って、長男でない男子は跡取りのいない養子先を見つけ、そこの家督を相続するというのが賢明な人生設計だったからです。

その意味で、父は悲運どころか、幸運な人だったと言えるのかもしれません。

多く産んでもその多くが死んだ「多産多死」の明治時代、そして子宝に恵まれないからといって、現代のような不妊治療もないこの時代、養子縁組制度はごくポピュラーなお家存続手段であり、同時に二男以下に生まれた者にとっては垂涎の人生お助け手段だったというわけです。

とくに明治二十二年までは、「家督を継ぐ者は徴兵を免除する」という特典もありましたから、たとえば農家の戸主の場合、約五人に一人が養子だったという話です。


父が養子に入った先、髙橋の家は、養父芳太郎が二代目。初代は善平といって、安芸の国豊田郡久芳《くば》村の生まれです。生年は文政二年(一八一九年)。

髙橋家は名字帯刀を許された庄屋の代表、割庄屋でして、その住居は戦国時代の山城のように豪壮だったらしく、村人たちから「鷹ノ巣城」と呼ばれていたそうです。

しかし、嗣子でなかった善平は長じて分家し、農を生業としました。

そして長男芳太郎の生まれたのが嘉永六年（一八五三年）。嘉永年間といえば、ロシア、イギリス、アメリカなどの船が次々に来航して日本という牢固な二枚貝の隙間に力ずくでサーベルをこじ入れ、攘夷と開港の相克で幕藩体制が大揺れに揺れ始めた頃でした。

その芳太郎。

政体が変わり、明治の時代もようやく落ち着きをみせ始めると、一大決心をしました。

「これからの日本人、草履、下駄はもうしまいじゃろう。わしゃあ革の履物を商おうと思う」

たしかそういう話だったと伝えられていますが、突然に農を捨て、中国山脈のふところから瀬戸内海を臨む県都広島市に移り住みました。

それを先見の明というのかどうか。ただ、西洋文明が地方にまで及び、洋裁店、写真店、理髪店、牛肉の切り売り店など、それまで日本にはなかった商いが刺激的に始まった時代ではありました。

父が入籍したとき、芳太郎は四十四歳でした。

その歳まで結婚しなかったのか、そうではなかったのか、とにかく独り身でした。だから父は、当然ですが乳母に育てられたということです。しかも男親は育児に首を突っ込まなかった時代でしょうから、父は肉親の情を知らずに育ったということにもなります。

その芳太郎、父が十歳になった明治三十九年十二月、再び大決心をします。五十三歳の芳太郎は田中ショウという女性と結婚をしたのです。

ショウは文久三年六月六日生まれ。ですから、そのとき四十三歳でした。

当時の平均寿命を調べますと、男女とも四十を少し上回る程度でして、ショウの年齢だと世間的には「老女」と呼ばれたようです。ちょっと乱暴ですが、平均寿命から単純換算をすれば、いまなら双方がなんと九十歳を超えての結婚という印象になるのでしょうか。ショウも初婚なのかどうか、それもまた不明です。

いったい何を思っての結婚だったのでしょうか。

「この子には母親が必要じゃろう」

そう考えたのでしょうか。自分はとっくの昔に、いつ死んでもおかしくない年齢にさしかかっていました。だから、後々のことを心配したのでしょうか。それとも、田中ショウとの間にのっぴきならない、あるいは素敵な縁が生じたのでしょうか。いまとなっては、勝手な想像をめぐらせるしかありません。

父が養子に入った頃、芳太郎は本業はさておき、すでに相場に熱を入れ始めていました。広島でも株の取引所が開設されていたからです。

その結果、髙橋家は成金と破産の間を揺れ動く振り子のような生活になり、儲かったときには町内のみんなを招待して飲めや歌えのドンチャン騒ぎ。おかげで、たいそう人気者ではあったということです。

そして明治四十三年。その破天荒な生活にも終わりを告げるときがきました。養父芳太郎、五十七歳。ついに不帰の人となりました。死因は脳溢血でした。

余談ですが。

高血圧だった父は、自分も同じ脳溢血で倒れることを極度に恐れ、晩年、好きな酒を控えめにしていました。そして誰に教わった健康法か、前の晩に根コンブを水に浸しておいて、その水を毎朝欠かさず飲んでいました。コップは決まって台所の出窓に置いてあったのですが、小太りの父が腰に手を当ててそれを飲む逆光の後ろ姿と、コップのなかのふやけたコンブの不気味さは、いまでも鮮明な映像として残っています。

★

さて、いよいよ父、髙橋武夫の話に移ります。

父の人生を振り返ると、非常に大きな転換点が二度あったように思います。

その最初の出来事が養父芳太郎の早すぎる他界ではなかったでしょうか。

もちろん先ほども言ったとおり、平均寿命を基準にすれば早死にというわけではありません。が、父はまだ十四歳の少年にすぎませんでした。

おまけに父が相続した家督は、運悪く振り子がどん底の方に振れたときだったのでしょう。父は多感な十代、貧しさの底であえぐことになり、四年前から共に暮らし始めた老女、その、母とはなかなか呼びがたかったにちがいない、むしろ共同生活者とも呼ぶべきショウと一対一で向き合い、「この世のなんたるか、生きることのなんたるか」をいやでも考えさせられることになったのでした。

じつは。

父が養子であったことは、この本をまとめるに際して、戸籍謄本をじっくり見直してみて初めて知ったことでした。

「そんな馬鹿な」と思われることでしょう。

しかし、言い訳をするようですが、ぼくは父からも母からも父が養子であったことは聞かされていないどころか、ぼくの七歳まで存命していたショウお婆ちゃんは、まぎれもなく父の産みの親というインフォメーションだったのです。

なぜ三輪という生家のことを父はいっさい語らなかったのでしょうか。

その理由には、十代の極度の困窮生活が横たわっているのではなかろうかとぼくは推察しています。

どういうことかといいますと…。

養子に出れば、もちろん法的血族関係は生家との間では消滅します。

が、産みの親が、

「芳太郎さんが死んだんなら、成人するまで武夫の面倒は陰に日向にみてやろう」

そう言うこともできたでしょう。あるいは養子縁組を解消することだってできたはずです。

が、それはしなかった。なぜか。

その答は、養母であれ、すでに母という存在があったことが大きいと思います。

しかし、父の心には
「自分は産みの親から棄てられた」

そういう傷として、そのことが深く心に突き刺さったのではないでしょうか。十四歳の少年にも、理屈ではなんとか理解できることだったかもしれません。が、感情的には到底呑み込むことのできない仕打ちだったのだと思います。

父は幼心《おさなごころ》に
「ぼくは髙橋として生きる、三輪のことは忘れるんじゃ！」

そう心に決めたのだと思います。そしてその思いは、その後の生活が苦しくなればなるほど強固になったのだと思います。

父の写真が何枚か残っていますが、何歳のときであろうと父の目は、人生の絶頂期の得意満面の記念写真であろうと、哀しみに沈んでいます。目玉が涙に浮かんでブルブル震えているかのようなのです。

その哀しみは、生みの親に訣別したときから溜まり始めたものだと、ぼくは確信します。

父は後に、虐げられた者、つまり社会的弱者に肩入れして行く生活を送るのですが、その衝動は、自分がそのような十代を過ごしたからこそ醸成されたものだと、これまた確信するしだいです。

★

父が生まれた明治二十九年は、富国強兵を推進し、背伸びの上にも背伸びを続ける日本が、日清戦争の大勝で列強のなかに割って入ろうとしている時代でした。

養父の亡くなったとき、父は、東京に次いで広島に開校された高等師範学校付属の小学校を出て、県立広島商業学校に進んだばかりでした。

子ども心に、父は弁護士になりたいと思っていたのだそうですが、「商人になれ」という養父の意思で、商業学校にいやいや通っていたとのことです。が、そのいやいや通っていた学校も一学年終了をもって中退せざるを得なくなりました。家計を支えるために、自分も働かなければならなくなったからです。

この頃の教育制度を調べてみましたが、義務教育は尋常小学校の四年間のみ。その先に二年間の高等小学校があり、さらに進学を希望する者には五年間の中学校、三年もしくは四年の高等学校か専門学校、高等師範学校などが待っていて、大学は四つの帝国大学だけという時代でした。

四年間の義務教育の就学率はすでに九五％を超えていましたが、中学校への進学者となると、適齢児童の百人に三人ぐらい。高等学校となると二人ぐらいしかありませんでした。

それを思えば、父には不本意な商業学校だったとはいえ、中等教育まで受けさせてもらえたというのはありがたい話だったのです。養父は、自らは文字どおり投機的な人生を歩みましたが、養子の教育に関しては堅実な一面を示し、父もまた親にそうさせるだけの潜在能力の高さを示してみせた、そういうことだったのでしょう。

しかし、残念ながら、相場師だった祖父の教育投資はあっけなく頓挫しました。夫が亡くなったとき、ショウは四十七歳でした。もちろんその時代、「老女」と呼ばれる女性に就職口などあろうはずがありません。ショウは近所の縫い物仕事をもらって、わずかなお金を稼ぎ始めました。

父も一学年終了を待って鉄道教習所に入り、「トン、ツー、トン、ツー」というモールス信号でおなじみの電信技術の修得に精を出しました。

いったい、どういう思いでその職を選んだのか。

それを推し量るためにいまの時代感覚に置き換えてみますと、当時の電信技術者の重要性、先端性は、さながら今日のＩＴ産業のオペレーター、それにほぼ相応するということがわかりました。電話に取って代わられるまで、鉄道における電信掛はなくてはならない存在であり、けっこうな専門職の一つだったと言えるようです。

とはいえ、です。その教習は案外短期間でして、訓練に半年、現場での見習いに三か月、そののちに採用試験というあっさりしたものでした。

しかし別な見方をすれば、

「まだ十四歳の少年でも、短い訓練でお金をいっぱしに稼げるようになる仕事は何じゃろうか」

その答が鉄道の電信掛だった。父が家計を助けるためにこの道を選んだ唯一無二の理由は、それだったのでしょう。

かくして、めでたく広島駅の電信掛となったはずの髙橋少年でしたが、

「意に反して、最初は改札掛からやらされてのう」

ということでした。

自分も本来はそうであったはずの中学生が客として改札を通ると、この身が悔しく、また恥ずかしく、顔を上げられなかったそうです。人生に対する気概、向上心、そして自負心、それらが旺盛であればあるほど、腹の底には煮えくりかえるものがあったのでしょう。

その頃の「髙橋は駅で切符を切っとる」とからかわれた悔しさがどれほどのものであったか。

そのことを知ったのは、上京してきた晩年の父と某駅の改札を通るとき、父が学校を出

たての若い駅員さんに対して目礼し、とても丁寧に切符を手渡していたのを目にしたときでした。ぼくはなぜそのようにまでするのか、尋ねました。すると、父は少年時代の体験を初めて息子に語ったのでした。

父は、商人になることを強いていた養父の死によって、自分が目指したかった本来の道を歩み始めることになりました。

といっても、頭脳と家庭環境に恵まれた者が胸を張って進むコース、官立の旧制中学から旧制高校、そして帝国大学へと進むコースからはもとより外れています。

父の歩む道は、以後、自ずから泥まみれのゲリラ戦の様相を呈しました。

第三者的な言い方になって恐縮ですが、父髙橋武夫は三輪家に生まれた時点ですでに、選良と呼ばれる人が歩む道をそれていたと言ってもよいのかもしれません。言い方を変えれば、そもそも父は社会の底に溜まっている濁り水のなかに生まれ出ていて、中学校への進学で幸運にも水面に顔を出そうとしたのですが、養父の死によって再び水底に頭を抑えつけられた、そういうことだったのです。

といっても、そのことを好くない事のように言おうとしているのではありません。逆境であろうとも、それゆえにこそ実りある人生を歩まれた人は大勢おられるのですから。

★

明治時代、弁護士がまだ「代言人」と呼ばれた頃、それは学識も品性も大したことのない、もっぱら自己の利益を図る職業、そういう評判が大勢だったようです。が、父の幼い頃には社会的な地位が上がり、世人から尊敬を受けるまでになっていました。

それには、明治も三十余年たったあたりから、やっと、法律や裁判制度が世の秩序を整える血液として循環し始めていた、そのことがベースにあったのでしょう。また、弁護士になるための厳しい試験制度が整ったこともあったのだろうとも思います。

しかし何よりも弁護士という職業が青雲の志を抱く若者の心をとらえたのは、それが商人のように私利私欲、おのれの損得だけのために働くのではなく、天下公衆の正義のために働く義侠的職務であることが広く認識されるようになった、そのおかげだと言われています。

「それに、わしは弁論が好きじゃったけえ」と父は言いました。「弁護士を志す前から、川原でよう演説の練習をしたもんじゃ。弁論大会で、上級生を退けて優勝もした」

ゲリラ戦で弁護士を目指す第一歩は、専門学校に入学することでした。先にも言いましたが、当時高等教育を受けようと思えば、帝国大学か高等学校、高等師範学校か若干の専門学校に行くしかありません。

父は法律の専門学校に入るための入学検定試験を受ける勉強を始めました。電信掛をしながら、出勤前と帰宅後はもとより、職場のちょっとした休憩時間にも本を手放さなかったそうです。

「それを大人の駅員にようつじめられてのう」と、当時のことをよく口にしていました。「電信掛がなして勉強するんじゃ言われて」

教育事情は前述のとおりですから、鉄道の諸先輩はおそらく四年の義務教育だけか、プラス二年の高等小学校を終えただけの人がほとんどだったのではないでしょうか。だから、いまなお勉強を続けようとする者がいると、それだけで目ざわり、かつ神経を逆撫でされるような気分がしたのではないかと想像します。

父は余分の掃除を課せられたり、本を読んでいると電灯を消され、あからさまに悪口を言われ、ついには職場での勉強を禁止され、それでもまだこっそり勉強をしていると、ついにのけ者にされたそうです。

明治時代というのは、言うまでもありませんが、身分制が崩壊したおかげで、勉学が世に出る最大の武器となった時代です。

江戸時代は農民や職人、商人がどんなに勉強しても、農工商という階級から外には出られません。だから、勉学と立身出世が結びつかず、だからこそ逆に学ぶことが純粋に楽しまれ、また人格を磨く手段とも考えられたと言われています。

が、父の時代には、すでに勉学が人格形成や楽しみからはずれていました。代わりに、貧困にあえぐ者がそこから脱しようとする際の最有力手段、つまり勉学が立身出世と一対になっている時代でした。もっと言えば、いまの学歴主義が芽生えた時代、そういうことでもありました。

もしかしたら、しゃにむに勉強する幼い父の姿は、先輩諸氏から見れば、ガチガチの立身出世主義者に映ったのかもしれません。が、父とすれば、働きながら中学校、高等学校ぶんの教科をぜんぶ独学しなければいけないのですから、他人の邪魔や中傷を気にしているヒマなどなかったのだろうと思います。

十代の短歌。

そのように四面楚歌の状態に耐えながら、ともかく父は広島駅での電信掛を五年続けました。そして、十七歳の春から短歌を作り始めました。

父が短歌を作り始めた背景には、明治の末から興った自然主義文学の脈動があります。陸続として現れた漱石、藤村、鷗外、龍之介などの巨星の、なんとまぶしかったことでしょうか。また短歌の世界でも啄木、牧水、白秋など日本を代表する歌人が世人の心をときめかせていました。

そんななか、父も満たされない懊悩を三十一文字に凝縮させる試みを始めました。

それらの短歌は「詩歌」（前田夕暮主宰）、「水郷」（郷土の短歌誌）に載り、また地方新聞の短歌欄にも「芽」と題して毎日のように取り上げられました。

そのほとんどは原爆で灰となりましたが、幸い手元に父が遺した筆文字の歌集があります。そのなかに当時の短歌が少々入っていますので、後ほど一端をご紹介いたします。

歌集の表紙は次のようになっています。

髙橋蒼點著

過ぎにし日

歌集

點滴

足跡

蒼點とは父の号です。

そしてタイトルですが、「點滴」がひときわ大きな字で真ん中に書かれていますから、最初につけられたのでしょう。が、それに赤い太い線が定規で美しく平行に二本引かれ、他の二案も同様に消されています。

迷った末にとうとう決まらなかった?

いや、そうではないのだと思います。

父は病的なほどのきれい好きで、汗を拭くハンカチ、手を拭くハンカチ、眼鏡を拭くハンカチと、それぞれ別々に持っていたほどの人です。いまは多機能便座が普及しましたが、当然それのない時代ですから、父は排便のあと風呂場で尻をまくって石鹸で肛門を洗っていました。

ズボンもシャツも必ずきちんとアイロンがかかり、靴もピカピカ。頻繁に床屋に行き、真夏でも上着を脱がない。机の上もつねに整然として、本棚の全集は1から順に正しく並んでいる。裁判所に提出する書面も几帳面な楷書体で書かれ、最後の一字まで最初の一字と同じにまったく乱れがない。

そういう人でした。

いちばん目立つ表紙を結果として下書き状態で放置するなんて、まったく考えられません。性格からして、つじつまが合わないのです。無題なら無題で、タイトルなしのきれいな白紙の表紙にさっさとつけかえたはずです。

なぜ、それをしなかったのでしょうか。

想像できることは、一つです。

つまり、無題の新しい表紙につけ替えては、最初から無題であったのとの見分けがつかなくなります。だから、三つのタイトルを消した状態で残した。

ということは…です。

タイトルを消した、そのことにじつは大切な意思が潜んでいるのだぞ、と伝えようとしている。そう思えてなりません。

これについては、後に原爆で何もかも失って、そして社会から身を隠すように暮らし始めた父の晩年の変化を語るとき、もういちど詳しく触れます。ぜひ読んでいただきたいと思います。

表紙の裏側にはこう記されています。

（この歌集は子々孫々に伝ふべし）

この歌集を
いまは亡き
一驥、瑠璃子、紅子、李羅子
眞吾、眞也
の霊に捧ぐ

伝ふべし、と命ぜられたのは跡取り息子のぼくだろうと思います。

六人の名は、水泳および原爆で亡くなった子どもと娘婿、そして孫ですが、原爆で死をまぬがれた子どもたち、すなわちぼくと、ぼくのすぐ上の二人の姉の名はありません。

原爆によって一挙に喪った子どもたちへの慟哭がいかに大きなものであったか、この一事を見てもわかります。

七人の子をなしましたから、たしかに父にはまだ三人の子が生きて在りました。しかし、精神的にはこのとき父も共に亡くなったのではないかと思います。そのことについても後に触れます。

では髙橋武夫が十七歳、十八歳（大正二、三年）の頃の短歌を少しご紹介します。

★

山を見ず　河の水見ず海を見ず　五月となればさらに寂しき

（世間的な幸せとは切り離された、いや、それに背を向けた毎日だったことが想像されます）

わずかなる　昇給にさへ喜べる　我らのまへに咲ける夏菊
（賃仕事をする養母と高橋少年との肩を寄せ合ったつましい暮らしが見えます）

裏町の　床屋の鏡にうつりたる　貧しきわれの姿かなしも
（絶頂期の写真にも写し取られた哀しみ。それが鏡のなかにすでに）

やつれたる　女乞食の物陰に　身動きもせで海を見入れる
（その視線は父自身のものである気がします）

いとせめて　病めるならねば幸福と
言ひて二人はさみしき顔しぬ

ひだまりに　昨夜買いこし樹を植えて
日光《ひ》を吸うさまをしみじみと見し

おそろしき　心ふと湧きあわただしく　上げし瞳を母に見られつ

（その心は職場でのいじめからか、あるいはどうにも動かせない運命を呪ってのものか）

履きなれし　わが古靴を売らむとて　ある夜靴屋の前に立ちけり

ほのぐらき　藪《やぶ》の径《こみち》をつといでし　男の瞳けはしかりけり

（これはきっと自画像です）

足傷の　その傷口を初秋《はつあき》の　陽にひたしおれば涙こぼれぬ

（傷は足だけに負っていたのではないのです）

春の陽に　吸はるるごとしわがこころ
暗がりに入ればほっと息づく

（春の陽の温かさ、明るさを求めながらも、だけどいまは暗がりの方がちかしく感じられる逆境）

膝の猫　寝息をぢっと聴きており　夜更けしに母いまだ帰らず

（その不安は、少年の、生きて在ることへの不安だったと思います）

真実に　ひとりとなりてうちまもる　鏡のなかのわれが泣き顔

（必死で生きていようとする自分が、鏡のなかで半べそをかいている。だけど、その自分を生きるしかない）

思いどおりにならない人生でもがく飢餓感が、歌の底流に漂っているように感じられてなりません。

それにつけても思い出されるのは…。

ぼくは、大学入試の得点力を上げることに熱心な学校に通っていましたが、そこの教師も生徒たちも大嫌いでした。ぼくは「もっと違う生き方があるはずだ」とひそかにあがき、その気持を初期エルヴィス・プレスリーの歌声に潜む、爪を我が胸に突き立てるような飢餓感と重ね合わせていました。中学二年か三年頃のことです。

ある日のこと、ぼくがラジオから流れるプレスリーの「監獄ロック」にしがみついているると、裁判所から父が帰って来ました。叱られることを覚悟でぼくは頑なに背を向け、父が通り過ぎるのを待っていたのですが、父は通り過ぎません。すでに充分反抗的であったぼくは、かまわずそのままピアノの高音部に心をかきむしられ続けていました。やがて「監獄ロック」は終わりました。

と、父がぽつりと言ったのです。

「ええ歌じゃのう」

驚いて振り返ると、父の目にもぼくと同じように涙が浮いており、ぼくはそれでさらに深く驚きました。

いまになって思うのですが、父の「あるべき自分であれないことの飢餓感」は、おそらく一生消えなかったのではないでしょうか。

父はそのときもう六十歳に近い年齢でした。

★

父には、この年頃にふさわしく異性とのことを歌った短歌もあります。

その対象は母（父にとっては妻）ではありません。母に出会うのはもっとあとですから。

恋心を抱いた相手はなんと若い尼僧だったのです。

尼僧、ということは…。

そうです、最初から破局となるとわかっている恋、ということではありませんか。

では、さっそくに歌でその顚末を。

うら若き　尼ひとり住む山寺の　暗き厨《くりや》の小さき鏡

（出家してなお鏡を見る尼僧。その鏡がしかも遠慮がちに台所に置いてある。その片隅的女心が父の心に忍び入ったのでしょうか）

君が手紙《ふみ》　乱筆なればうれしかり　ゆっくりゆっくり読んでいしかな

桐の木の　まへの日向《ひなた》に赤き布　ほす娘かもひるの鶏なく

（赤い布に十七歳の父は何を心に宿したのでしょうか）

しらじらと　ひんがしの空あかるめば　月かと女ためらひにけり

（空のいろをも映して女ごころが震えています）

おとづれば　いつもさみしき笑みをする
かの山寺に住める尼はも

（お互い、崖っぷちを歩いていることがわかっていたのです）

小夜衣《さよぎぬ》の　その帯解けとたはむれに
言いにしものをよわき君かも

ただふたり　闇にひたりてあるものを
あまりによわき君が眸《ひとみ》かも
（尼僧にはもう終末が見えていたのではないでしょうか）

来は来ても　逢うすべもなく手に染みし
草の匂ひをかなしみにけれ

君がすむ　村の小径を陽にぬれて　行けば愛《かな》しきいのちなりけり

君が家の　木犀《もくせい》の香にあらずやと　秋風のなかひた恋ひにけれ

落日の　赤きに向かひ放埒《ほうらつ》の　子は瞳《め》を閉じぬ野の草のうへ

（自らを放埒の子と揶揄して、この恋を無理やり閉じようとしたのだと思います）

太陽よ　汝《な》がにくたいを抱かんと　願へる吾れのこの瞳見ね

（しかし、叫ばずにはいられない。天地を、神を、敵に回してでも！　後に社会運動に身を投ずる純な激しさがすでに宿っています）

そして大正三年（一九一四年）。

日本は日英同盟のよしみでドイツに宣戦布告。むこう四年にわたる第一次世界大戦に突入しました。

日本はドイツの植民地だった中国の青島《ちんたお》と南洋諸島を攻略。

それをうけて大正四年（一九一五年）、十八歳の父は養母を広島に残して独り中国に渡りました。中国は青島守備軍民政部の鉄道部に電信掛として転職したのでした。

それは、この先の東京での勉学専念に備えて、短期間でよりいっそうの貯蓄をするためでもありましたが、破局を迎えた恋情の、未だ濡れそぼる衣を脱ぎ捨てるためでもあったのではないでしょうか。

青島では百数十首の歌を作ったとのことです。が、それらを記したノートはすべて原爆で失われました。「愛誦した歌が相当含まれとったのに」と父自身が残念がっていました。もったいないとぼくも思います。

なぜもったいなく思うか、以下、息子なりの理由を記します。

我が家には「ワーン大将」と称する料理がありました。

ひき肉と拍子木に切ったキュウリを炒める料理で、ニンニク、ショウガ、タカノツメをたっぷりきかせ、味つけは酢と醤油と酒。中国の家庭料理なのでしょう。父が青島に単身渡って自炊していたときに作っていたそうで、それを母に口伝し、ときどき食卓にのぼらせていました。

それを口に運びながら、父はよく中国に渡った頃の話を始めたものです。が、よほどつらい思いをしたらしく、世間には筋金入りの闘士でとおっていたはずの父が、いつも決まって途中から幼児のようにワーッと泣き出してしまうのでした。

大げさに言っているのではなく、ほんとうにそのつど顔を真っ赤にして、ザアザアと涙を流すのです。

姉とぼくは、当時読んでいた子ども雑誌に「ワーン大将」という、何かというとすぐ大声をあげて泣く主人公の漫画がありましたから、それでその料理のことをワーン大将と呼ぶようになりました。

けっきょく、話そうとして言葉にならず、肝心の中国での苦労話はよく聞けずじまいでした。

短期間で学資を貯えるための中国行きは、その目的を達成しようという強い意志の力だけで、寒さ、ひもじさ、孤独に耐える生活だったのだろうと思います。くじけそうになるたびに、おそらく何度も己が命を痩せた指に握り締めたことでしょう。

そこから滲み出たみずみずしい生活歌。あの毎度の泣き方から、十八歳の若者が覗き込んだ断崖の深さを想像すると、ほんとうに読んでみたかったと思います。残念なことです。

この中国での暮らしの間に父は一度故郷に戻り、広島市己斐《こい》のメソジスト教会で、スミス牧師により受洗しています。

父がキリスト教に心を向けたのはどうしてなのか、それはいつ頃からなのか、そしてなぜわざわざその教会で洗礼を受けたのか（己斐は広島市の西のはずれ。中心部にある住まいからは相当離れている）、それらのことはわかっていません。

ただ想像できるのは、「おまえは正しく生きているのだぞ。この困難を受け容れて精一杯生きぬくのだぞ」、そう言って力づけてもらえるのが、牧師の言葉、言い換えれば聖書のなかにしかなかったのだろうということです。ふだんの人間関係からは、そのような支えは得られなかったのだろうということです。

そういえば、父の好んで口にした聖句は「艱難《かんなん》、汝を珠にす」でした。独り中国の片隅で聖書に向かい、そのなかの一言一句にすがりつき、そして信じ、噛みしめることにしかこの自分の境遇を肯定するすべがなかった、そういうことだったのだと思います。

社会的弱者の代弁者であろうとした時代。または歌のない時代。

父の短歌を紹介する趣旨からすれば、この章は横道にそれることになります。しかし、その後の時代に迸り出る慟哭歌を理解するためには、そこに至る二十年近い精神生活をどうしても継続して語っておく必要があります。しばらくご容赦ください。

さて。

青島での父は、極貧生活の間に五大法律専門学校の一つ、明治法律学校の校外生となり、法律学を独習。やがて超スピードで校外生の卒業試験に合格しています。

そして、いよいよ大正七年（一九一八年）のこと。ぎりぎりまで切り詰めた生活によってなんとか当座の学費を懐にすると、待望の上京を果たし、晴れて明治法律学校（大学令により翌々年明治大学）の校内生となります。同時に中央大学法科の聴講生ともなっています。当時の両校が弁護士になりたい若者にとって、いわば予備校的存在だったことを考えると、合格したい一心から少しでも多くの講義を受けたかったのだろうと思います。

この大学生活の間に父は母と出会っています。

母は東京の女子美術専門学校高等師範科（現女子美術大学）で洋画を学んでいました。出会いの年月日は聞いていませんが、東京から広島に帰省する車中のことだったと母は言っていました。母は姉の嫁ぎ先、呉市の歯科医のもとに身を寄せていたので、偶然同じ列車に乗り合わせたのです。ご承知のように、呉と広島は隣同士の町です。

父と出会ったとき、母マサエはすでに受洗しており、卒業したら某牧師と結婚することが決まっていたそうです。結果としては、そこに父が割って入る形になりました。

「度の強い眼鏡をかけて、色も白いし、あんまり好きなタイプじゃなかった」

そう母は語っていました。第一印象はペケ。が、父は違いました。最初から、母の陽気さ、飾り気のない率直なもの言い、前向きなバイタリティ、そういったキャラクターに強く惹きつけられたとのことです。

さぞや、と思います。なにしろ父は真反対の性格。負けん気や向上心はあくまで内奥深くに秘められ、何か主張すべきことがある弁論は大得意でも、いわゆる世間話はできない寡黙な人でしたから。

年功を積んだ老年になったあとも、いわゆる世間ずれしたところがなく、子どもたちに対してさえ、何か言い間違えるとポッと顔を赤らめるようなシャイな性格をしていました。が、ともかく交流らしきものが始まるには始まったのだそうです。それは少なくとも父にとって、生まれて初めて人生の支えを得た、いや得られるかもしれない、そういう一大事でした。

父は大正十一年（一九二二年）三月、明治大学を卒業すると、まずは南満州鉄道株式会社京城（現在のソウル）鉄道局に就職し、生活の足場を固めます。

ちなみに韓国は明治四十三年（一九一〇年）に日本に併合されており、そのさらに四年前には南満州鉄道会社も設立され、島国日本が着々と大陸に足がかりを築きつつあるさなかでした。ですから、当時の若者が朝鮮半島に渡るということは、そういう日本の国際的上げ潮ムードに乗るということでもあったようです。

父は就職した年の秋、首尾よく朝鮮総督府弁護士試験に合格し、さっそく京城で弁護士を開業しました。そしてその数か月後の翌年二月には、続けて日本の司法省の弁護士試験にも合格し、ついに子どもの頃からの宿願を果たします。

官立の中学校、高等学校をへて帝国大学へというエリート・コースから外れざるを得なかった人間の壮絶な十二年間。

働きながら独学で、各段階の検定試験をクリアしていくというゲリラ戦でした。ふるさと瀬戸内海とは真反対の、嵐のマゼラン海峡をまるで手漕ぎ船で進むような航海でした。が、とにかくついに荒波を乗り超える日が来たのです。

もはや、まだなじめない養母と手を取り合うしかなかった心細い少年時代も、いじめに遭いながら独学した悔しさも、食うや食わずで必死にお金を貯めた中国での孤独感も消し飛びました。すべての過去に光が射し込んだのです。その達成感、そして高揚感は、いったいどんなだったでしょうか。

父は、そのすべてを母にぶつけました。

それは…。

自らの指を突いて書いた、母、藤本マサエへの熱烈な血染めのラブレターとなって京城から東京へ送られました。


母はそのときもう卒業していましたが、助手として母校に残っており、婚約者のいる呉市にはまだ帰っていませんでした。

「なんか寂しげな、それに一生懸命で真面目な人じゃけえ、まあ、何かにつけて励ましてあげとったんじゃが」

父に対しては、あくまでも婚約者のある身という立場からは出ない接し方をしていたのだそうです。

しかし、父が養父に死別して今日に至るまでの苦悩と、それを懸命に撥ねのけてきた挑戦心の強さが一滴一滴の血潮となって躍るラブレターには、心動かされないわけにはいきませんでした。

某牧師との婚約を解消するのは容易なことではなかったそうですが、母はなんとか周囲を説得し、そして女性が職業を得ることはむずかしかった時代に得たせっかくの職までも辞し、父のもとに向かう決心をしました。

結婚は大正十二年(一九二三年)十二月二十六日です。

父二十七歳、母二十一歳。

これまで日の射さなかった父の湿った暗い部屋に、待望の大きな南向きの窓が開けられた瞬間でした。

★

もう一つ。

父は、この京城での人生で特記すべき出来事に遭遇しています。

それは、後の人生を形づくる重大な仕事上での出会い。「三・一独立運動」とも「万歳事件」とも呼ばれる韓国の民族独立運動、その逮捕者の弁護人となったことです。

その独立運動は、言うまでもなく日本による韓国併合と、それに伴う諸政策の強要に端を発しているのですが、父髙橋武夫は弁護士になったとたんに、韓国民の権利と自由の獲得運動を擁護する法廷闘争を経験したのでした。

父は、メモ的に遺した鉛筆書きの「生涯記」でこのように言っています。「万歳事件の弁護に立ちしことが、階級運動（貧民階級の権利を獲得するための運動）の実践に入る機縁となる」と。

物事にはことごとく対立する視点が存在するように思います。どちら側から見るかは、その人の社会的立場や個人的信条などによりますが、父は運命的に社会的弱者の側に立つ人生を選んだ、そのように思えてなりません。

ここであえて運命的と言った意味は、その苦学力行した生い立ちで培われた弱者へのシンパシーであり（逆に言えば強者の横暴に対する反骨精神であり）、また、ちょうどこの時代に日本本土ではなく、日本すなわち権力を持つ者から虐げられていた韓国の人々の間で弁護士という仕事を始めた、それらの偶然のことです。

当時の権力側にある者はもちろん、マスコミ、世論も圧倒的にこの事件を不届き千万な暴動と見做し、憲兵や軍隊による虐殺（死者七千五百余名、負傷者約一万六千名）が行われても、それを虐殺ではなく、正義の行いのように受けとめていました。なぜなら、日本にとっては韓国の独立と自由を認めることより、力ずくでも日本化して、欧米列強と肩を並べるために新たな領土を増やすことが必要不可欠だったからです。

そういうなかで。

父は、これが「暴動」ではなく、正しい「運動」であることを見抜いたのだと思います。言い換えれば、日本政府が力を背景に不条理を行っていることを人間の生身感覚として許せなかったのだと思います。

が、（実際の感情や理性には明確な線引きができないとしても）厳密に言えば、父は何も韓国の民を守りたい一心から弁護を始めたのではないだろうとも想像するしだいです。その弁護に民族的、政治的な動機はなかったのではないかと。

父を衝き動かしたのは、「つねに正義が行われるべきである」という一種義侠的倫理観、そもそもはそれだったのではないかという気がしてなりません。自分が敵に回したのは日本人で、擁護したのが韓国人であったのは、結果にすぎなかったのだろうと思うわけです。

五十代前半までの父は、同世代の人が見れば、弁護士である以上に政治の人であり、その世界で権力を求めた人に映ったのではないかと思います。

しかし、共に暮らしていて何の鎧兜も着けていない父を見てきた立場からしますと、父を行動に駆り立てていたものは政治的野心ではなかったように思います。

世の中に公然と不条理がまかり通っている、そのことを許してはおけない。自分に累が及ばないからといって見てみぬふりはできない。おれがみんなに代わって火の粉をかぶろう。そういう素朴な義侠心に近い衝動に生きた人ではなかったか、そういう気がしてなりません。

父、髙橋武夫は冷徹な法律家でしたが、理屈の芯に「感情の論理」を、つまり「その話は人間の情理としてよくわかるな」、そういう共感に基づく納得感を大切にしながら論理を操る人でした。

その体質と義侠心とは不可分の関係にあります。

事件をただ事実のモザイクとして見ず、その中心に皮を剝がれた兎のような赤い肉質をさらした人間を見るのです。

人間を見据えるから、けっきょく「真の実」がぶれないのだと思います。結果、私的利益で事実を歪めるようなことにもなりにくいのだと思います。

明治末から大正時代、弁護士が世人から尊敬されるに至ったのは、私的利益のために正義を曲げるようなことはしない（ことを標榜した）からこそでした。

万歳事件の場合の私的利益とは日本の国益ということになりますが、父はその本質を冷静に見極め、自分が正義と信ずる側に体重をかけたのでしょう。

それこそ、つまりその打算のなさこそ、髙橋武夫の真髄だったのです。

もしかしたら反骨をする者は、しない者から見れば、はなはだしく現実認識に欠けた者、あるいは理性で感情を御し得ない未だ幼児性を抱いた人間のように映るかもしれません。

「もっと利口に立ち回れ。現実を見ろ。あとさきを考えろ」

そういうことでしょうか。

私事ですが、ぼくも何度かその種のことを言われてきたからわかるのですが、仮にその指摘が当たっているとしても、反骨精神というのは損得で働いたり働かなくなったりするものではないのです。

それは身に滲みついて生まれてくるもので、打算や理屈では御せない性情なのです。いや、性情というよりも自尊心の問題、そこを曲げると自分が生きている意味が損なわれる、そういう種類の問題なのです。おわかりいただけますでしょうか。

★

大正十三年(一九二四年)五月、父は仕事の場を東京に移します。

同時に、必然のごとく自由法曹団に加わり、すぐさま社会的弱者の側に立つ活動を開始しました。

自由法曹団とは大正十年(一九二一年)に結成されたばかりの弁護士の団体で、あらゆる悪法と闘い、人民の権利が侵害された場合には人民と手を取り合って民主的な日本の実現に寄与しようとするものです。

それこそ父の義侠的体質を躍動させるにはぴったりの団体でした。

たしかに政治の体制としては、民意を(制限的にではありますが)反映する選挙がいちおうあり、議会があり、複数の政党があるわけですから、民主主義が行われているにはちがいないのですが、「政治の内容」という面からすると、民主主義はまだまだ未成熟な、つまり社会に多大な不公平を残している歪《いびつ》な段階でした。

父は自由法曹団に加わって、そういう歪さを正すことに加勢しようとしたわけですが、それは髙橋武夫という人間の生得の条件からすれば、ごく自然に至りつく結論でもあったと思います。

なぜなら髙橋武夫という人は、幼児期より舐めた辛酸によって、権力が強制するこの世の不条理、道理に合わない法と諸制度のあり方への反発を養い、それによって、まるで地衣類のように自身の心身を反骨精神で覆い尽くした人でしたから。

が…。

すぐにそれだけでは飽き足らなくなりました。

それがまた髙橋武夫の髙橋武夫らしいところです。

父は突然に活動の場を東京から郷里広島に移すと、社会的弱者の代弁者たりうる政党を組織し、単なる加勢役ではなく、自ら運動を生み出す主体になるところまで人生を転換させたのでした。

大空の　もとゆ山なみ脈々と　つらなるうへをわれ飛ばむかな

なぜ、そこまでのことを？

そう思います。同業の士からも、さぞかし引き止められたのではないかと想像します。それは、権力や名誉や富の獲得を競い合う社会にいる者としては、あきらかに愚かしい決断だったからです。

もちろん父だって人格的に発展途上人ですから、さまざまな欲心に何度も迷ったことでしょう。

なにしろ父は、最初にご紹介したとおり、（一歳で養子に出されたのは当時の世渡り法として幸運だったとしても）養子先がなんと男所帯、しかも養父の早世という逆境にもがき苦しんだ人ですから、裕福な暮らしや高い社会的地位、そういったものへの憧れがなか

ったはずがありません。それどころか、荒れ狂う激流に逆らい、

「ナニクソ！　いまにみてろ！」

自分の対極にあるものへの希求の強烈さだけを支えとして、荒れ狂う激流に逆らい、よようやく最初の難所を渡りきったはずです。いまこそ長年憧れ続けたものに手を伸ばすべきときだったのではないでしょうか。

しかし。

帰郷した第一の理由として、先ほども言いましたが、父が性根の部分に養っている義侠的特質をあげざるを得ません。

表現を換えれば、髙橋武夫とは損得で動く人ではないということです。正邪で動く人だったということです。もっと言えば、いわゆる「上手に立ち回る」ことをしない人でした。弱きをくじき、強きにおもねることができない人でしたし、黒を白とは言えない人でした。父は自分の内心の声に、その生得のＤＮＡと生い立ちがあげる身の内を軋ませるような叫び声に、従わざるを得なかったのだと思います。

では、いったい何がその声をあげさせたのか。

引き金を引いたのは何なのか。

それが次に述べる当時の広島県の特殊事情、すなわち第二の理由です。

★

父を早々に帰る気にさせた広島県とは、じつは全国で一、二を争うほど民主主義が未成熟と言いたくなるような県でした。

明治、大正から昭和初期、日本は第一次大戦で一時的かつ局所的な好況はあったものの、すぐに大戦後の反動恐慌、次いで昭和初めの金融恐慌などに襲われ、それに加えて偏りのある税制と慢性的物価高によって国民の生活破壊がじわじわと進行していました。そして一度も立ち直ることなく、ついにアメリカ発の世界恐慌にすっぽりと呑み込まれてしまったのでした。

なかでも広島県。

広島は全国で二番目に貧民層と呼ばれる人口が多い（九州全域の合計よりも多い）県で、

工場や商店の倒産、休業、首切りなどで失業者があふれ、家を失い駅構内で夜明かしするしかない者、夜逃げする者、学費が払えず学校に行けない子どもたち、病気になっても医者に行けない家庭、そういった食うや食わずの人々が町や村にあふれている状況だったといいます。当然の成り行きとして、巷には強盗、窃盗が横行していました。

生まれ故郷がそういうどん底状態だからこそ、父は活動拠点を広島に移したのでした。

「自分は念願かなって弁護士となった。やっと貧民層を脱し得たのだから、これ幸いと、このまま東京で弁護士先生を続けるぞ。広島のことなんか知ったことか」

とは考えませんでした。

社会の底辺から浮かび上がるためのこれまでの苦心惨憺、忍耐であったにもかかわらず、いざ自分がそれを脱すると、いまなおその泥沼に脚を取られている人々のまっただ中に戻って生きようと決意したのでした。

そういえば。

父は弁護士としても、訴訟の依頼人のつらい立場に激しく感情移入する人で、ときに冷静さを失い、ぐったりと疲れ果てていました。それを母から

「いいかげんにしんさい。他人のことじゃないいね。たかが仕事でしょうが。うちの子ども

が困っとるわけじゃないでしょうが」

と叱りとばされながら励まされているのを何度も目にしたことがあります。

それと同種の情動にこのときも呑み込まれたのではないでしょうか。虐げられた労働者農民の身になれば、

「自分が声を上げるしかない！」

損得を超えた、理性のコントロールの外にある、おそらく大脳の根幹に巣食っている原初的な生命に父は衝き動かされたのではないかと思うのですが、言い過ぎでしょうか。

★

広島に帰ると、父はまず全国の耳目を集めていた労働争議の法廷闘争を手がけました。

父の生きた時代を知るために、当時の企業主と労働者の関係資料を読んでみて、非常に驚きました。未だ封建制度の尻尾が切れていないのです。

経営者は封建時代の親方的感覚をそのまま引きずって、採用、昇進、賃金、労働条件、クビきりなどは自分の好き嫌いやご機嫌一つ。しかも従業員に対して、多くはこういう態度だったといいます。

「工員ふぜいで手なんか洗うな！　おまえら、飯は油まみれの汚い手のままで食やぁええんじゃ。工場に来るときも、きれいな服なんか着て来ることたぁない。べとべとの作業衣で這いずり回っとるのが、おまえらの分相応というもんじゃ」

あまりにも絵に描いたような悪徳親方像なので、信じがたい気がする話ですが、事実だったようです。

そんな企業主のもとでまともな雇用関係が生まれるはずがありません。だから労働争議の発端は、待遇改善もさることながら、日頃から卑しめられ、虐げられてきたことへのうっぷんが爆発した、それが実情であったといいます。

地主と小作人の関係でもまったく同じことが言えるのでした。

「地主は小作人を奴隷視していた」

これは当時を語るどんな資料にも出てくる、ごくありふれた表現です。

ただでさえ全国屈指に耕地が狭く、おまけに痩せた土壌の広島のこと。作高が三十年も前の全国平均並みというわずかな収穫米から、六〇%もを小作料として搾取されたあと、さらに重税が待っているのですから、食っていけるわけがありません。まるで合法的に略奪されているようなものでした。だから来年のタネモミや肥料を買うために娘を売る。そういうことまであったようで、江戸時代に逆戻りしたのかと錯覚してしまいます。

ハワイやブラジルの移民に広島県出身者が異常に多い理由はこれでわかりました。海外に出るまでの決心がつかなかった人々は、筑豊の炭鉱や関西の紡績工場にかろうじて新天地を求め、結果、広島は全国第三位の出稼ぎ県になっていたということです。


話が長くなってすみません。

この貧民層を構成する人々とは、工場労働者、農民、仕立屋、印刷工、ペンキ職人、大工、左官、石工、仏壇職人、小商人などなど。その彼らには、さらに最悪なことがありました。貧民層の必死の待遇改善要求が、ことごとく官憲の力によって弾圧されたのです。全国を荒れ狂った米騒動の鎮圧には軍隊まで出動し、しかも政府がその新聞報道を禁じたといいます。泣きたいほど民主主義でした。

「義を見てせざるは勇なきなり」という言葉がありますが、これほどの状況にもかかわらず、貧民層の待遇改善要求運動を対岸の火事とできる人間がいるとすれば男じゃないよ、いや女だって女じゃないよ、そう言いたくもなろうというものです。しかし、「お上から弾圧されちょるやつらの肩を持つアホがおるか」

貧民層に属さない人々は、そのように考えるのがふつうでした。父はアホだったのでしょう。

以下、父が広島に帰ってから最初の十二年間で行った社会運動、階級闘争を簡単にまとめます。

①労働者農民党呉支部を結成し、その支部長となり、海軍工廠《こうしょう》(海軍の戦艦・武器などの製造機関)の工員を組織して待遇改善を目指しますが、これはお上から強制的に解散させられます。求めた待遇とは、たとえば八時間労働であったり、失業手当の要求だったりしました。

②それでは…と中国無産党を結成。執行委員長となり、国と企業を相手に法と雇用制度の改善を求めてさらに闘い続けます。

③小作人争議、荷馬車引き争議などを担当し、貧民層の運動を支援します。
④借家人同盟を結成し、委員長として家賃や地代の低減を求め、さらに、市営住宅を廃止して無料宿泊所にせよ、などの運動を展開します。

無産者、つまり生産手段の無い賃金労働者と貧農のための全国組織は、時を重ねるとともに「全国大衆党」から「全国労農大衆党」、さらに「社会大衆党」と姿形を変えていきますが、父の中国無産党もそれに連動して変わりながら、その広島県支部の委員長を続けていきます。

その間に本業の弁護士では多数の労働争議で法廷闘争に携わっています。

他方、社会運動家としては結社禁止令もあって、演説会は解散を命ずる官憲との小競り合いが常であり、訴訟相手の企業の雇った暴力団につけまわされて生命の危機にさらされたりもするなど、まるで維新の志士そこのけの劇的な時間を積み重ねていたといいます。

「この頃は、いつも興奮状態、緊張状態にあった」

そういうことだったそうですが、若い頃から高血圧に悩まされていた父が、よくぞ倒れなかったものだと思います。

官憲とのやりとりがたとえばどんなものであったのか。ある集会で父が時局批判の演説をしているときの新聞記事がありますから、ちょっとご紹介します。

父は演説妨害でやじる私服官服の巡査に、

「双方、同じ無産者であるに、無産者のための演説をやじるとは無自覚もはなはだしい」

そう叱りつけたと書かれています。すると、たちまち会場は敵味方入り乱れての大乱闘になったとか。

傍目には非常にエキサイティングな人生に見えて羨ましいほどですが、もちろんそういう感想は不謹慎このうえないでしょう。

そういう社会運動の一環として、父は昭和八年(一九三三年)、広島市議となりました。

ただでさえ波乱万丈なのに、このうえ市議にまでなぜなったのか、といいますと、

「市議会で糾弾するのがいちばん効果的な案件なら、市議になるしかなかろう」

理由はそういうことでした。

その、わざわざ市議となってまで父とその仲間が糾弾したこととは何だったのか。

それは、広島市政空前の大疑獄事件でした。

そもそもは市当局の内部告発から始まった事件だったといいますが、検事局に告発されるや、事件はたちまち市長をはじめとする市役所の役人、癒着している業界・企業を巻き込んでの大騒動となり、新聞には連日大見出しが躍りました。

父はそのとき自らを「市政浄化の爆撃機」と称していました。

「みんなからバクダン男と呼ばれたもんじゃ」とも言っていました。「あいつに触ると爆発すると恐れられた」

爆撃機、バクダン、ですか。

時代背景がうかがえます。同時に、父のエキサイトぶりも充分にうかがえるように思います。

★

翌年（昭和九年・一九三四年）の秋、しかし、父の今後を揺るがす出来事が起こりました。

陸軍省が五〇ページものパンフレットで、日本の政治経済改革の必要を訴えたのです。

その第一章はなんと、

「戦は創造の父であり、文化の母である」

から始まっています。現在なら噴飯ものの記述ですが、当時の日本ではこれが多方面に賛同の拍手を呼び起こしました。

しかも。

父にとってもっと衝撃的だったのは、所属するその社会大衆党の中央組織までもが、そういう陸軍省の考え方を支持するコメントを発表したことでした。

これには啞然、呆然としたことだろうと思います。父の広島県支部は中央の考え方にすぐには従いませんでした。

社会大衆党が、全国の支部まで一丸となって積極的に帝国主義侵略戦争を支持するに至るにはさらに二年を要します。が、その間の党内の意見の対立は相当なものであったろうと推察されます。

この混沌のさなか。

父は衆議院議員選挙に広島一区から立候補しています。そのときの党での役職は中央執行委員でした。

しかし、この選挙は落選しました。定数四のところ立候補者七名。結果は六番目でした。が、通らないことが父の人生には必要だったのだろうとぼくは思います。父も立場上立候補しながらも、心の内では何十%かはそう願っていたのではないかとも。

というのは。

社会大衆党は、時の権力者に賛同する「親軍派」が無産者を助ける闘争から離れつつありまして、そのことに父は強い憤りと失望を覚えていたからです。だから、そういう党を代表する国会議員になど、けっしてなるべきではなかったからです。

言論弾圧の厳しいさなか、どの程度自説を表明できたのか定かではありませんが、父が軍国主義にも侵略戦争にも大反対の立場であったことは明らかです。敗戦後に作った短歌には、その思想がよく顕れています。


そうして。

さくらの花びらが枝から離れるように、いやむしろ、咲いているさくらの枝を折るようにという方がニュアンスとして当たっているでしょう。父、髙橋武夫は、ついに大きな方向転換を決意しました。

無産者の直接的な代弁者である人生を①党の変貌ぶりからしても、②全国民が戦争に真一文字に突き進んでいる国家の状況からしても、いっとき懐深くしまうことにしたのでした。

新たに父が目を向けた先。

それは岡山医科大学法医学教室の研究員になることでした。

昭和十一年（一九三六年）十月のことです。現役の弁護士としては全国で初めてのことだと新聞に大きな見出しで書かれています。

父は弁護士を続けながら週に一回通学し、法医学の学位を取る準備を始めたのでした。働きながら学ぶのは、少年時代からの十八番でした。父はこうして社会大衆党から離脱しました。その意味するところは、（圧制的な言論弾圧下、そう言いたくても言えなかったでしょうが）党の支持する軍国主義、侵略戦争への「否！」の表明にほかなりませんでした。

そしてさらに。

引退表明後の翌年。

こんどは無所属、無色であることを前面に出して市会議員に立候補し、再選されたのです。

何を思っての再度の立候補だったのでしょうか。その選挙で訴えたビラが残っています。それを読むと、主眼はもちろん「大都市に後れをとった広島市をどうやって発展させるか」、その具体的施策に置かれていますが、その前段として、

「広島市に根強い市議会内の抗争が、そして市議会と市当局の抗争がいかに不毛なものであるか」

「市会議員が、懸命に生活の向上を望む市民一人ひとりのために果たすべき役割は、そもそも何であるのか。いまはそこから出直すべきではないのか」

そのことを切々と訴えています。

十二年間、組織政党に属して行ってきた社会的弱者のためであったはずの運動が、党ごと軍国主義に呑み込まれて挫折した落胆。それをこんどは市政の場で、違う形でなんとか挽回しようとしていた、そのことを読み取らねばならないのだろうと思います。

しかし。

軍靴の音が日本中に轟き始めていた昭和十年代。

父はそのような「原点に立ちかえろう」という理想論の虚しさを、内心では初めからわかっていたのではないでしょうか。

★

弁護士になり、社会的弱者の代弁者としてその牙を立てた最初の十二年間。

父はエネルギーのほとんどすべてを外に向かって吐き出し、歌を作るといった、おのれの心をノミで穿《うが》つような心境にはなかなかなれなかったようです。

一年に一首から五首。「主に鑑賞者の側に身を置いていた」と生涯記には書いています。

たまに作られた歌は出張先での旅情を歌ったものか、運動のもどかしさ、社会への憤りなどを直接的に述べたものが多いようです。

たとえば旅情歌ですが。

くろかみに　椿はな挿す島の娘　島《ここ》に生まれて島《ここ》に死するか

けむり吐く　火口のそばに我が立ちて
　思ふは人の世のすがたなり

無産運動のさなかにいて、その運動に背を向けたくなったときに生まれ出た歌には積極的にご紹介したいものがあります。

なにもかも　打ち壊してみたきこのこころ
　じっとおさへて子の寝顔みる

白紙《しろかみ》に　一筋くろく線をひき　意味あるもののごとく眺むる

生きている　こと何となく味気なき　夕べにあれば子の爪を切る

欧米に追いつき追い越せ！　アジア大陸の侵略！

それに向かって国民が総動員される時代にあって、無産者の権利を少しでも確立しようという運動など、流れに逆らって泳ぐに似た行為であったかもしれません。しばしば疲れ果て、独り無力感、脱力感に沈んだことでしょう。

「バクダン男」と称せられるほど爆発力のある言動で流れのなかを突き進んでいった父でしたが、じつは鋼鉄製でもなんでもなく、とても脆《もろ》い心をした人だったことをその人の子として言っておきたいと思います。

そういう脆さを叱咤激励して支えたのは、陽気で率直で現実的で、何事にも怖れず立ち向かう前向きな母で、母の存在があったからこそ十二年間の運動を維持できたのだと思います。

たしかに。

父の、歪められた正義に対する憤りと、その犠牲になっている弱者の痛みへの感情移入、そこからほとばしる改革へのエネルギー。それらは激烈です。

しかし、その情動は陽に透きとおって見えるほど純粋だけれど、しかし薄い氷のように割れやすい。そういう印象を持ちます。

けっきょく思いどおりにはならなかった十二年間でした。

その不充足感。そして、弁護士の資格を取ったこと以外、子どもの頃からずっとあるべき自分であれないできたことへのヒリヒリとした飢餓感。

だから父の短歌の底流には、四十代に入ってもなお十代の頃と同じやりきれなさが漂っています。

さらに。

歌としての出来栄えはともかく、父の人格特性を語るために、父が弁護士という生業をどう思っていたか、それを覗き見させる歌をご紹介しておきます。

これは、なぜ本業の枠から出て、金銭面でも権勢欲の実現の面でも得のない社会運動に注力してきたか、そのもう一面の理由でもあります。

金のため　人の紛争《もめごと》ひきうくる　我がなりはひを悲しみにけれ

あさましき　人のこころをあらはにも
見つつし暮らす業のかなしも

ただ一人の男児のぼくに、父は弁護士になれと小学生の頃から奨めていました。が、高校生になった頃（父が六十代に入った頃）から、

「この仕事はゴミタメに手を突っ込むようなもんじゃけえのう。ろくな仕事じゃない」

だから、おまえは他の仕事に就け。そんな言い方に変わりました。

その萌芽は、憧れの弁護士になったはずの初期からすでにあったのでした。

それは、医者が病を持つ人と接するのと同様、弁護士も揉め事や悪事に関わる者にしか接しない宿命、そういったどろどろとした人間の性《さが》を覗き込むような所業からは、しょせん人生の満足など得られないものだ、そういう感慨だったのでしょう。それ以外には考えられないと思います。

父は誰かの我欲に加担するのではなく、この世の桎梏にあえぎながらも懸命に生きている、なのにどうしてもうまくいかない、そういう人の手助けになることをしたかったのだと思います。それが弁護士を目指したそもそもだったのですから。

「しかし、現実には…」

そう。そういうことだったのでしょう。

ところで。

すぐに人生の意味を問う癖がぼくにもあります。

これでいいのか。人はなんのために生きているのかと立ち止まる。それは父からぼくに引き継がれたDNAです。この世をスムーズに渡るにはむずかしい性向の一つです。

わが子の溺死。再び歌の時代へ。

吾子《あこ》の亡き　はじめての朝あめつちの
　　裂けなばこころ安けからまし

物見遊山も　酒も煙草もみなやめて
　　亡き子の霊にただ詫びてあり

かばかりに　生を欲《ほ》りにし身なりしに
　　　　　いまは思はず死こそ願へれ

「昭和十四年七月二十八日、長男一驥《いっき》、泉邸《せんてい》裏河川において溺死す。ために痛惜措くことを知らず…」（生涯記より）

これまでページを割いて、二十代から四十代初めにかけての髙橋武夫像を紹介してきましたが、その父が価値観を根底で変えたのは、じつは、これほどまでに心血を注いできた社会運動でもなく、あるいは世間の耳目を集めた華々しい法廷闘争でもなく、それは養父の死と、子どもの死。二つの死でした。

養父の死は、現実として惨憺たる貧困生活に父を突き落とし、そこから這い上がる努力が人格形成、ものの考え方、そしてその後の生き方に大きな作用をまず及ぼしました。それはすでにお話したとおりです。

そして、その次に訪れた価値観変革の契機が、養父の死から二十九年後、父の眼前で起こった長男一驥の溺死でした。

両親にはそのとき六人の子どもがありましたが、上から女、女、男、女、女、女。男児は一驥ただ一人でした。それだけに両親の衝撃は大きかったのだと思います。

その死は広島が一年でいちばん光り輝く季節に起こりました。

広島の土は関東と違って白いのですが、そのカチンカチンに乾いた白土が太陽を足元から照らし返して、真夏の広島は目を開けているのが困難なほど明るくなります。

そんな光のなか、父と一人息子は水浴に出かけました。

ご存じかどうか、広島市は三角州の上にできた街です。当時は七本の川が流れ、ちょっと歩くと川にぶつかります。自宅から川までも数分の距離。父はその日、法廷での仕事がなく、久しぶりにのんびりと休日らしい休日を過ごそう、そう思ったのでしょう。泉邸と呼ばれる旧浅野藩の庭園を横切り、その裏手の川で二人は水遊びを始めました。

最初は子どもが危ない場所に行きやしないか、注意深く見守っていたと思います。

が、やがて父は遠い夏空に視線を放し、その心に休日らしい穏やかな時間を行き来させ、やおら、安らいだ視線を再び愛する我が子の方に戻した…。

その瞬間です。

音が、色彩が、時間が、すべて消え去ったことでしょう。そこには静まった川面があるだけで、目の前で遊んでいるはずの我が子の姿がなかったのです。

それは信じがたい、受け容れがたい、あるはずのない、あってはならない光景でした。

そこは猿猴《えんこう》川という名の、あそこで泳ぐと川底から猿の化け物が足を引っ張る、たしかそう言われている川でした。

「まさか、我が子が！」

我に返ると、父は忽然と消えた子の姿を求めてすぐ深みに潜りました。古式泳法ができるほど水の達者の父でしたが、しかし、探せど探せど我が子の姿はありません。浮かんでは潜り、潜っては浮かび。我が子のいないことが、それでもなお信じられなかったことと思います。

「父ちゃん、何しよるん？」

そう言って、泉邸の繁みからキョトンとした顔を覗かせないものか。庭園のなかも大あわてで走り、探しました。

奇蹟は起こりませんでした。

後に長男一騏の亡骸が発見されたのは信じがたいほどの下流でした。それほどに川底の流れが速かったということです。

わずか九歳の死でした。

その夏は、もはや暑さも明るさも何も感じなかったことでしょう。

長男の死を境に父はすっかり変わりました。我と我が身を咬むように、自分を責め続けたといいます。死のうとした、といいます。

それが前の四首の背景です。

「あのバクダン男が、火が消えたようになったわい」

「さしもの爆撃機もとうとう墜落したのう」

弁護士仲間も市議仲間も、新聞記者たちもそう噂しあったとのことです。

逝きし子が　せかせ買わせし下駄の歯の
　禿《ち》びおらざるに涙あたらし

亡き吾子が　種子《たね》を蒔きたる唐黍《とうきび》の
　実の熟れたれば見るに堪へずも

亡き吾子と　同年輩の少年が　街路《みち》ゆくすがた淋しくも見ゆ

めざむれば　わが逝きし子にいちはやく
　心のはしる習慣《ならひ》かなしも

子のうせし　悲しみもたぬ友人《ともびと》に　妬心わきくる吾をあはれむ

亡き兄の　顔をおぼえてありぬやと　問ふ習慣《ならひ》こそ悲しかりけれ

蟬をとる　亡き子の姿ともすれば　庭に求むる吾れとなりしか

吾子逝いて　はじめてみたる夢なれば　顔かがやかし妻に語れる

冬となれば　しもやけすなる吾子なりし
　その手いまはも握るすべなし

長男の死はこのように悲嘆にくれる日々をもたらしました。

そして、それはまた、社会運動という現実を追うあまり神（キリスト）から遠ざかっていた生活をも猛省させるきっかけとなりました。
二十歳前後の三年間、中国青島での孤独を「その生き方でいいのだ、おまえは正しく生きているぞ」と唯一力づけてくれた聖書からも、教会からも、長い間心を離していたことに強烈に思い至りました。

吾れをして　悔い改めの生活に　入らしむため死にしか吾子は

親にして　子に先立たれし悲しさは　ただいっさんに神を求むる

そして、その心はこのような歌も生み出しました。

けがれたる　わが霊《たましひ》を洗ふごと　なみだ湧ききぬ天《そら》あふぎおれば

父は再び神に心を預け始めました。

解説者のような立場からものを言うつもりはありませんが、人は苦しむためではなく、幸せになるべく生まれてくるのであるとすれば、言い換えれば、人生に起こるすべてのことに、なんとかプラスの意味を読み取るべきであるとすれば、両親をこのような淵に突き落とした長男一驥の死とは、いったいどんな意味を帯びていたのでしょうか。

父に信仰生活を取り戻させるためだったのでしょうか。

社会運動にのめり込んでいる間に、人として大事なことを見落としていた（それは父のみが知ることですが）、それに気づかせるためだったのでしょうか。

結果から見れば、そのいずれでもあったのだろうと思います。

こうまで歌っている一首もあります。

演壇に　聲たからかに叫びたる　われを道化といまは卑しむ

その気持の変化に驚かされます。長男一驥の死は、それほどまでに大きかったということです。

社会運動に血と肉を捧げた髙橋武夫は、すでにいなくなりました。

★

この時期。

両親を支えたのは一心の祈りでした。

「一驥を返してください。哀れと思い、返してください。お願いです！」

二人して叫ぶように祈り続けたといいます。

とくに母は、道を歩くときも口のなかで呪文のように祈りの言葉を唱え続け、

「気の毒に。髙橋の奥さんは気がおかしゅうなった」

そう陰口をきかれたとのことです。

父は父で、毎日必ず教会に寄り、手を合わせてから裁判所に向かったそうです。

我が子の死んだ川辺にも何度も立ったことと思います。

ぼくもその岸に立ちましたが、その川は深い緑色をしていて、静まりかえっていました。流れというよりも、静かな湖面を見るようでした。父があの日、夏空に放していた視線を川で遊んでいるはずの我が子に転じたときの、あの衝撃。何もない川面。それを想いました。

岸辺から見るその川面がひそやかであればあるほど、静まっていればいるほど、父は、母は、どんなに狂おしい気持になったことでしょうか。

亡き吾子と　同級生の子の背丈
いよいよ伸びしが堪へられなくに

吾子逝いて　ひととせ経にしわれなるに
神にちかづく幾歩なるぞも

あの山は　妙なかたちと亡き吾子が
言ひにし山も見えてかなしも

亡き吾子の　二分刈り頭をよく撫でし　その感触をいまだ忘れず

亡き兄が　履きなれし靴妹が　履きて羽根つく元旦の朝

亡き吾子を　膝に抱きてもの言ひし　夢を見しといふ妻を羨む

その昔《かみ》は　六つ買ひにしみやげもの　五つにて足るいまは悲しも

そしてちょうど一年がたった頃のことです。母は不思議な夢を見ます。教会の祭壇で見るのと同じキリストが黄金の光のなかに現れて、

「子どもは返してやるぞ」

そう言われたというのです。母は跳び起きてキリストの足元にひれ伏し、ぼうぼうと涙を流したといいます。思わず叫びました。

「その子は男の子でしょうかっ」

「男の子であるぞ」

母は九十七歳まで生きましたが、その年齢まで

「あのときのお声はいまでもこの耳の底に残っとる」

そうはっきりと言っていました。

しかし、この逸話でさらにおもしろいのは、そのあとのキリストと母のやりとりです。

母は何事にも飾らず、率直なもの言いをする人だと何度も言ってきましたが、そのキャラクターは驚いたことにキリストに対してさえ変わりませんでした。

「もしそれがほんとうのことなら、十月十日《とつきとおか》後に生まれさせてください」

そう注文をつけたのです。

「そのかわりと言うとなんですが、その子は必ず神様のお役に立つ子に育てますけえ」

なんと交換条件まで持ち出したのでした。

さらに。

「一驥には右の腿に大きな痣がありました。たしかに生まれ変わりじゃいう証拠に、生まれる子にも痣をつけてやってください。ただ、半ズボンをはく夏になると恥ずかしがって、いつもズボンの裾を引っ張っておりました。こんどの子には見えんところにお願いします」

苦笑されるキリストのお顔を見たのは、この世でおそらく母だけではないでしょうか。

母はその日から、手は舞い、足踊り、近所の人に会うごとに
「わたしゃあ必ず男の子を産みます！」

そう言わずにはいられなかったといいます。もちろん近所の噂は
「髙橋の奥さん、ほんとに気の毒にねえ」

でした。もっともなことです。

しかし。

母の夢は正夢でした。

ちょうど約束の十月十日後。昭和十六年四月二十八日も終わりにかかる午後十時二十三分。

これもまた夢枕でキリストが約束してくださったとおり、男の子が産まれました。

父、四十四歳。母、三十八歳。

痣も約束どおりにあり、それも他人には見えにくいところ、右の腋の下にありました。

亡き吾子の　いのち承《う》けてぞ生《あ》れたるや
　　この児は男《を》の子われはおろがむ

その子の名前は同じ一驥にしたかったのだそうですが、さすがにそれはできず、一字違いで読みは同じ、「一起」となりました。

母は長男一驥が亡くなる一か月前、「どうしても夏の喪服が必要になる」と、いてもたってもいられない気持に急かされ、呉服屋にそれを注文していたそうです。喪服は一驥の葬儀にちょうど間に合いました。

そのことと考え合わせ、母は、父もですが、死ぬことも生まれることも、けっして偶然ではないのだろう、そう痛感したといいます。

我々人間は神との黙契により生き死にしているという考え方があります。人間はその黙契を記憶から去らせて生まれてくるが、じつは我々の生には神の見えざる摂理が働いているのだという。

ぼくも、この顚末を知ったときから、そういう考え方を受け容れるべきであろうと思うようになりました。

これは宗教にはつきものの、一種の奇蹟譚であるかもしれません。なかなか信じがたいことだと思います。お聞き苦しかったでしょうが、お赦しください。


二男一起の誕生した年、日本は太平洋戦争に突入しました。

やがて広島にも空襲警報が鳴り響くようになると、広島女学院大学の修練道場（広島市の牛田町）に父、母、父の養母、末子の一起の四人が疎開しました。上の姉たちはそのまま裁判所近くにある八丁堀の家にいましたが、それは配給を受ける都合でもあり、父の仕事の都合でもありました。

代わりの男の子を授かり、なんとか心の落ち着きを取り戻しかかった疎開先での山暮らし。それは食糧難から誰もが畑仕事を始めた時期でもありました。

両親も山の谷あいを開墾してサツマイモ、サトイモ、トウモロコシ、キュウリ、カボチャ、ジャガイモなどなど、作れるものはなんでも植えたようです。父にとってそういう農作業は、週一回の岡山医科大学での法医学研究とあいまって、久々に訪れた、いや激動の人生で初めて訪れた小休止であったように思います。

次に、その心境を歌った何首かをご紹介しますが、

「しかし…」

なのです。

この数年後。

突然に背中を押され、底の見えない暗黒の洞をどこまでも落ちていくことになろうとは。それは人間髙橋武夫を根本から変える人生最大の転機となります。でもまあ、そのことはまた後ほどに。

山ふかく　ひとりし入りて堆肥とり
　　しばしがほどは何もおもはず

ひそやかに　枕にかよふ虫の音は　なんの虫ぞと思ふゆとりや

溜め水に　黄色く映る月影は　砕けて散りぬ柄杓《ひしやく》入るれば

人の世の　わずらひ事や心おもく　深山に入りて樹に對《むか》ひ居り

鶯の　鳴く音に目覚め梟の　聲にわが寝《ぬ》る山辺よろしも

いよいよの時。

昭和二十年八月六日、午前八時十五分。

広島が一瞬にして屠《ほふ》られる。


それは雲ひとつない真夏の朝の、突然の暗転でした。

子どもの死は、長男だけではすみませんでした。

試練。試練という言葉に違和感があるなら、困難と言いなおしましょうか。長男一驥の死の六年後、父母はもういちど子どもを喪うという陥穽に落ちました。

人口二十九万、軍人とその関係の来広者六万、計三十五万人の軍都広島に原爆が投下され、長女瑠璃子（二十歳）、次女紅子《べに》（十八歳）、三女李羅子《りら》（十二歳）、そして瑠璃子の夫（柴田眞吾・二十八歳）、瑠璃子の胎内にいて十二月に誕生予定の子（のち、父により眞也と名づけられた）の五人が亡くなったのです。

一瞬に　三十万の生霊《いきりょう》を　奪ひ去んぬる世界史生まる

父は慟哭の淵に沈み、そこから這い上がろうとして生血《なまち》のように短歌を滴らせました。それは父の作歌活動のピークとなります。そんなピークなど、けっして迎えたくはなかったでしょうが。

四年前に始められた近視眼的で頑愚、かつ傲慢極まりない戦争は、多くの国民の心を金縛りにし、思考を羽交い絞めにして人命を徴発し続け、それがついに、自分同様に愚かで傲慢な行為を呼び込んでしまいました。

原子爆弾の使用です。

当初九万とも十二万とも言われた死者は時間を追って増え続け、けっきょく二十万人にも達しました。住民の約六〇％が死んだことになります。

いよいよの時。昭和二十年八月六日、午前八時十五分。広島が一瞬にして屠られる。

それら一つ一つの死には固有のドラマがあり、涙があります。

億万長者の死であれ貧者の死であれ、王様の死であれ一市民の死であれ、そこで流される涙そのものに貴賤、優劣はありません。人命には、本来優れたも劣ったもないからです。すべての生が、すべての死が等しく尊いからです。

そういう真実が無惨に踏みにじられる蛮行が戦争にほかなりません。

国を挙げて殺し合いをするという狂気。いまなお堂々と行われて止まないそんな蛮行に対して、父の慟哭歌が必死の異議申し立てになれば幸いに思います。

★

最初に我が家の被爆状況から。

まず父ですが。

父は広島女学院で法制の講義を担当していた関係で、原爆投下時、中心地にほど近いその校内におりました。建物の中にいれば即死したのですが、なぜか休憩をしたくなったので外に出ていました。

外に出ると、小使いさんが通りかかったので二言三言雑談をしました。小使いさんは日なたに、父はたまたま日陰に立ち止まるかたちになりました。そのとき原爆が落ちたのです。目の前に畳十畳ぐらいの青白い火の玉が走り、身体が前後に揺れ、かけていた眼鏡が吹っ飛んだといいます。

父は焼夷弾が落ちたと思い、とっさにそばの防火水槽に飛び込みました。日なたにいた小使いさんは一瞬にして炭化、つまり真っ黒こげになったそうです。

お気づきでしょうが、ここに二つの偶然があります。

一つは、なぜかそのとき校舎から外に出る気になったということ。中にいた者は下敷きになり、全員圧死、焼死しました。その爆風の凄まじさは爆心地から二キロ圏内の建物を全壊させるほどでしたから。

二つ目の偶然は、立ち止まったとき、父がたまたま日陰にいたことでした。原爆の熱線は一瞬にして内臓の水分まで蒸発させてしまったのです。

これらを偶然と言うのか、見えざる意図による必然と言うべきなのか、それは論議しないことにします。

しかし、人の生死に偶然はない、そのことを長男の死と二男の誕生で学んだ両親にとって、このときの体験がさらにその思いを深くさせたのは事実でした。

父は学校からいくらも離れていない自宅の方に向かおうとしましたが、それは不可能だったといいます。父の話や当時の記録によりますと、生きていたときの姿のままのストップ・モーションで炭になった死体、飛び出した内臓を抱えてのたうっている人、裏も表もわからないほど肌が焼けただれた人、ちぎれた誰かの頭部を抱えて狂ったように走り回っている人などなど、正気を保つのが困難なほどの状況だったそうです。もちろん家屋という家屋は倒壊し、猛火と煙で東西南北もろくにわからないありさま。家には近づきようもありません。

「娘たちはそれぞれに逃がれてくれているだろう！」

逃げていてくれ！　大丈夫、きっと逃げている！　無理やりそう自分に言い聞かせ、父は近くの川、あの長男を喪った川に必死で飛び込みました。

「街路を行くと群集と猛火に呑まれて危ない」

とっさにそう判断したからです。それに、疎開先の修練道場は川の上流、広島市を取り囲む山の中腹にあるのでした。

父が泳ぎ疲れて川土手に上がると、人は本能的に川上へ川上へと逃れるものらしく、道路は半死半生の幽鬼のような人間であふれかえり、次々に斃れる死骸を踏み越えながら、次の一歩でこんどはその人が斃れる。

絵巻物で見たことのある阿鼻叫喚の地獄とは、こういうことなのだろうと想像します。ここはこの世じゃない、もしかしたら自分はもう死んで地獄にいるんじゃないのか。そう錯覚したとしても不思議ではなかったのではないでしょうか。


原爆が落とされた翌日から、父は焼け野原となった広島をさまよい、凄惨な無数の死体を覗いてまわりました。もちろん娘たちを捜したのです。そのおかげで放射能をさらにたっぷり吸い込みました。

お産の準備で嫁ぎ先の東京から広島の実家に帰っていた長女瑠璃子は、茶の間のあった場所に骨が崩れない状態で横たわっており、腹帯を止める安全ピンが脊椎の上にのっていたそうです。

瑠璃子の夫柴田眞吾は軍需省に勤めていた関係で、戦時の統帥機関・大本営が移されていた広島に、六日の午前一時に到着して被爆しました。結果からすると、妻といっしょに死ぬために出張して来たとしか言いようがありません。全身にガラス片、木片が突き刺さり、血まみれのハリネズミのようになって疎開先まで逃れて来たのを、

「薬もないのでミミズを煎じて飲ませた」

と母は言っていました。高熱を発してからだが二倍ぐらいに膨れ上がり、妻を助けられなかった自分を責めさいなみ、号泣しながら息絶えたそうです。

ぼくは四歳でしたが、姉婿が修練道場に倒れ込んだ瞬間の母とのやりとりをその後何度も思い出しました。それは
「瑠璃子、来てますかっ」

「いいえっ」

「シ、シッ、シマッタアアアッッッッ」

我が身を垂直に切り裂くような声でした。あんなに絶望的な声をその後も聞いたことがありません。

次女の骨はありませんでした。

次女紅子は三味線を弾く、もの静かで地味な性質だったそうです。「女子挺身隊」という

名の強制労働組織に入れられていたのですが、当日の朝はその隊がどのような行動をしていたのか不明でした。ひっそりと生き、ひっそりと死んだという印象を持ちます。ぼくにも写真のなかにしか記憶がありません。

ぼくとよく遊んでくれた三女李羅子は、学校が夏休みに入ったので両親の疎開先に起居していたのですが、その日は大豆だけの弁当を持って、早朝モンペ姿で出て行ったそうです。同級生二百名とともに市の中心地で建物疎開（爆撃の類焼を防ぐために建物を間引く作業）に従事するためだったとか。

八時過ぎには作業が始まっていたと想像されます。ということは、まさに頭上で原爆が炸裂したことになります。だから、そういうことです、そういう最期です。骨はもちろんわかりませんでした。

爆弾の　焔をあびて火達磨と　化して死せしかあはれわが子ら

炎天下には、父のように死んだ家族を捜す人の群が肩を落として続いていたといいます。だけど、捜しながら心を襲う空しさ。息をすることさえやっとだったのではないでしょうか。

我が家の　焼け跡に立ち子の骨を　捜すうつつぞ耐へられなくに

遁れゆき　生きてあらむの望みたち　子の骨は出ぬわが焼け跡に

そして。

嗚咽のその奥から湧き上がってくるのは、おのれの臓腑を吐き出すような憤り。原爆を落としたアメリカへの、戦争を仕掛けた国家への、いや、とにかくこの世のありようすべて、目につくもの、存在しているものすべてに対する理性をかなぐり捨てた憤り。

それらは次のような歌となっています。

憎みても　なほ憎みてもあまりある　敵に報いむこのこころ継げ

今よりは　夜叉ともなりて我生きん
　人馬触るれば斬りてやむべし

戦へば　かならずや勝ち常永久《とことは》に　国は栄ゆと吼えにしは誰《た》ぞ

そしてこの一首。

戦争《たたかひ》や　うまきも食わずよきも着ず　いのち儚く吾子《あこ》を死なしむ

最後のこの歌は、慨嘆ではなく、末尾に巨大な「！」マークが隠されています。これは、戦争を起こしたこの国の指導者たちの喉元に突きつけられた父の切っ先であることをご理解いただきたいと思います。

ぼくは、先に言いましたように、修練道場に疎開していましたので、直後は両腕に斑点が出た程度の被爆症状ですみました。原爆が落ちたとき、ぼくと祖母は縁側にいて、母はその前のナスの畑にいたのですが、突然火の玉が目の前で破裂し、同時にそばにあったワニの剝製がぼくの頭に落ちたのを覚えています。昔は坊主頭でしたから、相当に血が出ました。

「どうしてこうに寂しい山の一軒家に、わざわざ焼夷弾を落とすんじゃろうか」

母は瞬間そう思ったそうです。

爆心地からは直線距離で二キロ半ぐらいでしょうか。山陰ですから、爆風は弱められたはずですが、それでも大屋根が吹っ飛びました。

お終いになりましたが、ほかの子どもたち、ぼくのすぐ上の二人の姉、合歓《ねむ》子（十歳）と渚（八歳）は、その年の四月から山間部のお寺に学童疎開をしていましたので助かりました。つまり。

両親は七人の子どもを持ちましたが、生き残ったのは下から三人だけということになりました。

★

長女、その夫、おなかの子、次女、三女。骨のある者は骨を、ないものは遺品を納めた臨時の墓が松風の渡る山中に造られました。木の柱に父が歌を書いて墓標としました。

松籟を　朝な夕なの友として　静かに眠れこの山のへに

この歌はいま、神奈川県茅ヶ崎に移した我が家の墓に彫られています。

「賛美歌を歌おうとしたのに、ただ泣いただけじゃった」

母はそう言っていました。


さて。

どんなに絶望しようと、父は教会に、神にすがりつくことさえ、もはやできなくなりました。

神と人間の関係など信じられなくなったのでしょうか。

あるいは。

長男の死と二男の誕生によって回復された信仰生活を思えば、神の存在まで疑うには至らなかったとしても、その仲立ちをする組織宗教に無力感を抱くに至った、そういうことでしょうか。

「艱難、汝を珠にす」

その聖句が父をこれまで支えてきたことはすでに書きました。このたびも当然それを噛みしめたことだと思います。

しかし、もはや珠になろうがなるまいが、そんなことはどうでもいい。その前に、言葉を戴く自分という存在自体が揺らいでいる。タガの外れた桶のように、おのれの実体すら崩れかかっている。そういうどん底の状態だったのではないでしょうか。

「痛歎やるかたなく、深刻なる無常観に捉わる」(生涯記)

そして、父の心を覆っていたのは、我が子を殺したアメリカに対する強い憎しみでした。そのアメリカ憎しの感情がアメーバ的に触手を伸ばし、アメリカっぽいものすべてに背を向けさせた、そのことは容易に察せられます。そのなかには西欧文明の象徴であるキリスト教が当然含まれていたことでしょう。父が教会に背を向けた理由には、当初それもあったと思います。

子どもっぽいとお考えでしょう。ですが、これは平時の話ではありません。原爆で、自身も、まわりの皆も地獄を見ているさなかの話です。

そういう、理性の介在する前に人を貫く直情が、原初的な情動が、じつは髙橋武夫らしさを形成している源であるようにぼくは思います。前にもお話しましたが、弱者の人権を守るため社会運動にのめり込んでいった動機も、理屈ではなく、まさに感情の論理でした。髙橋武夫は理性の徒たる法律家でありながら、一方ではそういう火の玉のような情動を抱え込んでいる人でもありました。

母は戦後も教会員を続けましたが、「父ちゃんは聖書も開かんようになった」と母は言っていました。「あの人は極端から極端に動く人じゃけえ。なにしろ感情家じゃけえねえ」

それでは、無常観にあえぐ父の歌をいくつか。

何もかも　空しくなりぬけふよりは
生きながらへて何を為すべき

生くる身は　死せし者よりさいはひと　いふ人の言葉《こと》われ諾《うべな》はず

いくとせを　なほ長らへてわれ生くや
　子の失せし世にのぞみあらなく

目当てなき　生《しょう》の苦しさただ生きて
　我あるゆゑに生きて居るなり

暗けくに　ただ模索するけだものの
　あはれさに生く我にてあるか

　いよいよの時。昭和二十年八月六日、午前八時十五分。広島が一瞬にして屠られる。

被爆してから一か月。

父は歯茎から出血し、髪の毛が抜け落ち、全身に斑点が出て高熱にうなされ、危篤に陥ります。薬も何もありません。子どもを喪った絶望感のさなか、父は足首から這い上がる死と対峙し、次の一首を枕もとの手ぬぐいに書きなぐったといいます。

わが生命《いのち》　窮まるといふ今にして　ひたに心のもとむるは何ぞ

自分が生き残ったこと、子どもの方が先に死んだこと。それらは偶然ではない。それを受け容れて、生き残っていることの意味をまっとうするのだ。

仮に理性がそう考えようとしたとしても、ほんとうは、子を喪った困難を生き続けるよりは、死ぬことの方がむしろ楽であるというのが、そのとき父を過った思いだったのではないでしょうか。母が書き取った瀕死の父の歌です。

人の死は　永久《とは》のいのちの門出とぞ　思はば歎きうすらぐごとし
先立ちし　子らとあい会ふ天つ国　いまぞわれゆく心やすけく

しかし、です。母。高橋マサエ。

母としてはそうはいきません。

「このうえ夫まで失っては！」

何か薬効のありそうなものはないか、そうだ、ニンニクだ、せめてニンニクでもと思い立つと、朝鮮半島から来た人々が住んでいる集落に行って必死でニンニクを分けてくれるよう頼みました。最初は、日本人である母に対して、けんもほろろだったといいます。よく言う「どのツラさげて」の類でしょう。なにしろ、そういう態度をされて当然のことを

 いよいよの時。昭和二十年八月六日、午前八時十五分。広島が一瞬にして屠られる。

日本は韓国にしてきたのですから。

が、とにかく母の思いが通じたのか、ニンニクを入手することができました。

父はそれを生でかじり、何日かが過ぎ、そして。

放射能毒にはニンニク成分が効くのか、あるいは（生死が偶然ではないとしたら）まだ死に時ではなかったからなのか、父の被爆症状はどんどん軽くなっていきました。爆心地からわずか数百メートルという距離での被爆と、翌日から放射能に最も汚れた市の中心部で子どもの亡骸を捜し回ったことを考えれば、これは奇跡的なことでした。脳溢血で亡くなるまで、父は広島の原爆病院で定期的に健康診断を受けていましたが、医師たちからは、それゆえ「非常に貴重なサンプル」として注目されていたということです。


いつ夜が明けて、日が暮れたのがいつなのかもわからない日々が続きました。

我々家族は修練道場まで逃げて来た、どこの誰かもわからない多数の死体と寝起きしました。死体を気味悪がるのは平時のことで、たしか怖くもなんともなかったように思います。

きのうまで息のあった人が、もしいつまでも同じ姿勢をしていたら、それが事切れたという合図でした。そういう人を見つけると、ぼくは母に知らせに走りました。

しかし…。

死んだからといってすぐ焼くわけにもいかず、かといって身元もわからず、何日たっても誰が引き取りに来るわけでもなく、しかたなく亡骸を雨戸にのせては山道を引きずって行き、大きな穴に落として焼いていたのをぼくは風景として記憶しています。

両親は、この人にも親兄弟があるじゃろうにと思うと、わが子のことと重なって、たまらない気持だったそうです。母はせめて賛美歌を歌ってあげたのだそうですが、

「ゾッとするような弔いじゃったよ」

そう言っていました。

その焼き穴は鬱蒼とした、暗い杉林のそばでした。ぼくはさすがに凄惨な現場からは遠ざけられていましたが、人を焼く臭いを嗅ぎ分けろと言われれば、いまでも間違いなくそれはできます。

その臭気は、それを生じさせた国家の死臭であると思います。

父による、戦争を是として滅びた国家への挽歌は以下のとおりです。

我が敵は　この国の指導者と喝破して　死せる人あり戯言《たはごと》ならず

欺かれし　意識はつよし国民《くにたみ》の　怒りを棄つる泥沼や何処《どこ》

死に損なひの　汚名あびつつ敵人の　輸血さえ受け恥じぬ指導者

特攻も　玉砕もみな犬死と　なりし日に生き聴く虫の音や

人間の　愚かしさこれも殺しあひ　破壊しあひて得しはなにもの

「原爆を落とせしめたるトルーマン、戦争責任者たる天皇、軍指導者を憎むの情切なり」

これは生涯記にある文章ですが、愚かな戦争で家族を失った国民の、当時のごくふつうの感情であったろうと思います。

けっきょく広島の弁護士は二十三名が一挙に亡くなりました。裁判所とその近辺に位置する弁護士の住居、事務所が爆心地からそう遠くない場所にあったためです。

父は被爆当時、広島弁護士会の副会長(のち会長)として物故者の法要を行いながら、壊滅的な広島の司法制度の回復に奔走しました。公のために立ち働くことがむしろ良薬となったのではないかと想像します。

父と同じ物理的条件にあって亡くなった人、父同様に生き残った人。

軍都広島ですから、姉婿のようにわざわざその頃に他所からやって来て被爆死した人も相当数あったでしょう。逆に、その日にかぎって広島を離れていた人も大勢いたことでしょう。

一つ一つの死には生き残った人に向かって遺されている意味が何かあるのであり、また死なずに生き続けることにも、必ず生かされている理由があるのだと思います。

父も、子どもの死が突き落とした断崖の底から、そこに遺されている石を一つ、二つとなんとか拾い上げねばなりませんでした。言葉で言うのは簡単なことですが、「いまあるおのれの状況を否定せず、あるがままに受け容れる」ということです。生死は偶然ではないと、すでに教えられているのですから、それは時間がかかろうとも果たさねばなりませんでした。

廃墟のなかを七つの川が流れ続けます。

幾万もの死骸が洪水のように川面を膨れ上がらせ、死臭を放っていたあの日はしだいに遠ざかってゆきます。広島には七十五年は毒が漂い、草木も生えないと当初は言われました。が、広島の人々の多くはその廃都を去りませんでした。父もその一人ですが、それぞれにそこで生まれ、そこで生きた根を簡単に断ち切るわけにはいかないのです。いや、そこで家族を失ったからこそ、その地を去らなかったのだろうと思います。家族が死んだ同じ地で自分も死のうと、どなたもが考えたのではないでしょうか。

そういう日々を父は以下のように歌い遺しました。

我になほ　幼き子等ののこりおれば
生きねばならず狂おしくとも

見のかぎり　瓦礫のなかゆ啾々《しゅうしゅう》と
鬼哭《きこく》すとやいはん廃墟ひろしま
（鬼哭啾々＝浮かばれぬ亡霊がしくしくと泣いているさま）

累々と　瓦礫の廃墟ひろしまの　七つの川は月に冴えたり

親と子の　絆はつらし喜びに　はた悲しみに亡き子思へば

いよいよの時。昭和二十年八月六日、午前八時十五分。広島が一瞬にして屠られる。

ビルの窓　みな壊たれて落日の　光を孕む焼け跡に立つ

誰彼の　死したる噂子とせしが　その子もいまや死にてしまへり

夕ざれて　白壁のへに物の影　きえゆくころは亡き子偲ばゆ

竝《な》みよろふ　山青けれど麓には　瓦礫の廃墟海につづけり

しんとして　月ぞ冴えたるこの廃墟　死臭ただよひただ秋の風

逝くものは　逝く運命《さだめ》とぞ手短に　かたらふ人に怒りおぼゆる

しみじみと　水のながれに聴きいりぬ
　夜更けてひとりかなしみにつつ

ともすれば　自棄と自嘲のこころ湧き
　空みあぐれば雲のなつかし

亡き吾子と　疎開荷物を運びにし　道にまた出ぬ秋風さびし

　いよいよの時。昭和二十年八月六日、午前八時十五分。広島が一瞬にして屠られる。

原爆が奪い去ったものは、子どもの命だけではありませんでした。法医学の学位を取ろうと研究をした九年間の論文、それを発表した専門誌、資料なども すべて灰燼に帰しました。「精神病学的法医学」という論文を発表したと生涯記にありますが、それを読むことはできません。社会運動の代わりにおのれの背筋をまっすぐに立ててきてくれた、その背骨まで突然に折られたことになります。

これには、文字どおり身体がへなへなと崩れ落ちたと思います。長男の死と二男の誕生によって取り戻した信仰さえ、このとき放棄したくなったとしても当然だと思います。

吾子逝きて　わが桑蓬《そうほう》の志《こころざし》　つひえる秋を山にこもらふ

（桑蓬の志＝男子が天下に雄々しく羽ばたこうとする志）

また、財産もほぼすべて焼失しました。家は借地でしたから、疎開した荷物のほかは何も財がなくなったのです。ただこれは戦災に遭った人、誰しもに起こったことではあります。

人生とはほんとうに思いどおりにゆきません。

だけど、洋の東西を問わず神話というものでは、人間の愛してやまない富や権力や名誉、それらを失う話が肯定的に書かれています。

つまり「それらを手放すんだ。執着するんじゃない」と教えています。

現代では、その神話の教えがこのように形を変えて訪れるものなのでしょうか。第三者的な感慨で申し訳ないことですが。

★

草木も生えないと言われた広島には、再び夏草が繁りました。

しかし、人間の命は生えてきません。

一年後の昭和二十一年八月六日。午前八時十五分。

生き残った家族だけで執り行われた一周忌の祈り。父は我が家の焼け跡に立ち、こみ上げる痛恨の情にあらためて肩を震わせ、そして絶唱ともいえる原爆歌を遺しました。

天地《あめつち》の　死塊《しかい》となりて生きものの　みな滅びなば慰むものを

再び戦争への参加が可能なように憲法を改めようとしている昨今。そのなかの誰が、この慟哭への返歌を作れるのでしょうか。

戦後の動乱のなか、再び社会運動へ。喪った支えをそれは回復させたのか。

人にはそれぞれ持って生まれたDNA特性、いわば属性があります。

また、時代や民族、国や地域、家庭といった環境条件の違いも生まれながらにしてあります。

いまさらぼくがエジプト文明の時代に生まれるわけにはいきませんし、アインシュタインやタイガー・ウッズに生まれるわけにもいきません。

我々人間は、そういう生得の条件下で、どんなに怠け者であろうとも幸せになろうとして、大なり小なり、一時的にしろ永続的にしろ、何らかの自発的な現状改善努力を試みます。

その健気《けなげ》な自発性は、いったいどこから湧き上がってくるのでしょうか。

第一の理由としては、自分を他人と較べることが(すなわち競い合うことが)生きていくうえでの大前提だから、それゆえ、よりよい立場を得ようとして努力をする。それが考えられます。

が、けっしてそれだけではありません。人間は他人と較べる以前にその人なりの夢を持ち、それに向かって突き進んでいこうと試みます。易きを選択するのが生きもののつねであるにもかかわらず、です。

本来なら生得のDNA特性と環境条件のままに安住し、そこから這い上がろうともがかなくてもいいはずです。そう生まれてしまったのだから、そのままで生きる方が自然なはずですし、楽なことです。しかし、我々はなぜか夢を抱き、その夢と現状とのギャップを埋めようと、自分を変える努力を試みます。

こういう自己実現欲求、言い換えれば生得の条件からジャンプしようとする意欲とは、いったいどこから生ずるものなのでしょうか。

その出所もまた、生得の条件以外には考えられません。

さらに言えば、人生が思いどおりに運ばないのも、残念ながらそういう生得の条件の必然的帰結にほかならないのでしょうし、また、そこからなんとか立ち直ることができるエネルギーの出所についても、生得の条件以外には考えられません。

そして、です。加えて、こういうことも言えるのではないでしょうか。

生死が偶然ではないことを何度か書いてきましたが、「もしそうであるならば…」です。どんなDNA特性と環境条件で生まれてくるかは生まれる前に決まっている、そういうことにはならないでしょうか。

つまり。

生得の条件の決定には、ほかならぬ自分自身が関与しているということになるのではないかと。だから、その人生に全責任を負っているのは、親でも社会でもなく、当人であるということになりはしないかと。

非常に大胆なことを申し上げています。

大胆ついでに、もう一つ。

これは浪漫的な推論ですが、我々が巨細にかかわらず自己改善意欲を持つのは、①夢とは隔たったこの不本意な生得の条件も、②なかなか思いどおりにならない人生も、そのタネを蒔いたのはほかならぬ自分であることを、じつは意識下で知っているからではないのかとも思うのです。

ですから、人生とは生まれる前に蒔いたタネを育て収穫する、あるいは途中で弱らせ、時として枯らしたりしてしまう、そういうプロセスのように思えてしかたありません。

ま、この種のこと、賛否はどちらでもよいことです。

これは人生の神秘に属することがらで、この世のことが何もかも数値化され、目視できるようになる必要はないでしょう。人類の脳みそなど、たかが知れています。神秘は神秘のままに、そっとしておきたいと思います。

★

さて、父の「いまここにある人生」に戻ります。

文字どおり灰燼に帰した人生に直面し、父の場合、生得の条件のなかから引きずり出した結論は何だったでしょうか。

それは、

「再び社会的弱者の助けになる運動の担い手となり、それを生きる張り合いとしよう」

という決意でした。

深刻な無常観に囚われたのなら、いかにもそういう人らしく、ひっそりと息をひそめて、他人様のほつれた人生に関わる生業を続けていればよかろうというものです。おまけに国や県の公的な職務を十いくつも引き受けていました。だから、日常的には時間がいくらあっても足りないほど多忙だったはずです。しかし、

「それでもまだ心の虚を埋めることができない」

というのが髙橋武夫の髙橋武夫らしい特質なのだと思います。

ご記憶でしょうか。

父はそもそも弁護士という仕事から心の充足を得ることができない、そういう人であることを既述しました。七七ページでご紹介した二首がそのあたりの気持を歌ったものですが、被爆後にも父は、同種の真情を次のように表現しています。

吾とわが　なすこの業にともすれば　価値を認めぬ自意識に生く

苦しみて　あえぐ我のよすぎをば
　けふも終わりぬ亡き子ゆるせよ

感情に流れすぎているとお考えになる方もありましょうが、父の場合は「わしなんか駄目じゃ」と、このまま疎開先の山中で朽ち果ててしまいたいと感じたことも一度や二度ではなかっただろうと想像します。

平和への　いけにへなりと人の説く
　されども消えぬこの哀しみや

また。

これも社会運動に足を踏み入れたときに解説させていただいたことですが、髙橋武夫という人は、一方ではおのれを律する強い意志の力を持ちながらも、他方、非常に情緒的な人だったことを強調せざるを得ません。

感情人間なのです。

理性より情動が生き方を左右する、そのような特性のある人が髙橋武夫なのです。だからこそ、よけい意志の力でおのれをコントロールする必要があったのでしょうが、戦争で何もかもを失ったショックは、感情の海に漂う時間をさらに多くしたにちがいないと察します。

うつし世の　生きのよすぎの険しければ
死にしひとは幸《さち》とぞおもふ

この歌は間違いなく感情の海に漂いながら生まれたものでしょう。

だから、です。父は、

「生き続ける意味をどこに見つけるか」

そのことを鉄道で働いていた十代の頃と同じように、必死で探し求めたのではないでしょうか。


そうしてもがきながら、一年たち二年たち三年たち…。

敗戦で国の形が崩れ、その再構築の途上にある日本には、アメリカによって枷を解かれた思想、言論が一挙にあふれ、さながら沸騰して吹きこぼれる大鍋のような状況を呈していました。

大規模なストライキの連続。弾圧。米よこせ運動。また弾圧。そこに渦巻く政争。人々は何も豊かな暮らしをしようというのじゃない、とにかくまともに三度の飯が食えないのです。困窮した国民は、一時期、日本社会党を軸とする連立政権まで誕生させました。まだ穏健な活動をしていた共産党も、労働者の人権を守るリーダーを標榜して党勢を急速に拡大していきました。

そういう、いっこうに形の定まらない国の狂騒。そんななかで、父は自分の依って立つ基盤をどこに置くべきか、模索したのだろうと思います。

そして模索の末の昭和二十三年(一九四八年)十二月二十六日のこと。

父はついに労働者農民党の広島県支部を発足させ、その委員長となりました。

労働者農民党は、日本社会党のなかの最左翼の人たちが、「社会党も共産党も困窮した勤労者の欲求に応えていない」として、同年十二月初めに結成した党で、父も広島の地でそれに参画したというしだいです。衆参両院で十八名の勢力がありました。

それへの参画は、父にとって、長いものに巻かれて精髄を失った戦前の社会運動に対する失望、あるいはその挫折の苦々しさを打ち消すための行為でもあったと考えられます。が、それは同時に、結果として多くの公職から離れることを意味し、経済面でもいくつかの企業の顧問弁護士という安定的な立場を棄てることをも意味していました。

簡単な決断ではなかったと思います。

事実、その決断について、母が猛反対であったことを言っておかねばなりません。

それは、ある初冬の夕方の記憶によるものです。

その日、井戸端で母が漬物にする白菜を洗っていると、父が帰って来ました。ぼくはそばで独り遊びをしていました。父は鞄も置かず井戸端に立つと、興奮した口調で何かを母に告げたのです。具体的な言葉としては何だったか覚えていません。が、そのとたんに母を襲った恐慌、そして涙をほとばしらせてまで父に食ってかかった必死の迫力だけはいまでも鮮明に覚えています。

「何べん言うたらわかるんね！　もう懲りたはずでしょうが！　脚を洗うたはずでしょうが！　ちいとは利口になりんさい！　いまからでもやめてちょうだい！」

そのとき父は社会運動に復帰したことを口にしたのだと思います。

★

母の気持はもちろん十二分に理解できるものですが、不肖の息子ながらも、父が「ちいとも利口になれんかった」ことの弁護のために、時代背景を簡単に記しておきたいと思います。

まず戦後、日本人の生活のスタンダードというものが粉々に砕け散った状況についてですが。

そもそも、スタンダードなんてものは戦前からすでに崩れていた、と言うべきなのでしょう。

それは、国家が合法的な権力（比喩的には「暴力」と言った方がわかりやすいのですが）を揮って国民を戦争に駆り立てていたことからも言えますし、結果、農業や工業の生産力を落とし、ほとんどの品物を配給制にしてしまった、そういう異常事態からも言えると思います。

ぼくには、当時の日本の状況が「人間動物園」のように思えてしかたありません。檻に入れられているのはもちろん国民であり、園長や園丁はその指導層です。動物たちは自由な行動も発想も制約され、視界もほとんど覆われていました。檻には自然な光があまり届かず、時おりほんのわずかな餌が投げ込まれるだけという状態です。あの伸び伸びとした大草原や広い森はどこに行ってしまったのでしょうか。

さて。

アメリカによる爆撃が内地に及び始めると、国民生活を支えるべき農工業がさらに破壊されていったのはご存じのとおりです。

そして敗戦。

ただでさえ食べ物にこと欠いていたのに、兵士として動員されていた人々と外地に進出していた人々が帰って来て、内地の生活者が一挙に一〇％も増えました。多くの工場は廃墟と化し、農地は荒れはて、すでに輸入も途絶えているさなかにです。

当然、猛烈な食糧難、生活物資難が襲いかかりました。

物価は戦前の三百倍以上にまでなったといいます。お金がお金として機能しない世の中です。大都市には何百万単位で失業者、浮浪者があふれ、飢えは人々から理性を奪い、本能を剝き出しにさせました。人殺し、窃盗は日常茶飯事です。父の歌にも、法廷での仕事が盗っ人、人殺しの弁護ばかりになったと嘆いているものがあります。

広島では生き残った飼い犬まで本来の野性に戻り、集団で人を襲いました。母とぼくも、薪集めに山に入っていたときそういう野犬化した群に遭遇し、崖を転がり落ちたことがありました。

また、白昼、軍刀を持った五人組の強盗団に強襲されたこともあります。

父は不在。子どもは山に逃がされ、夢枕のキリストに対してさえ臆することのなかった母が一人で立ち向かったのですが、首を絞められ気を失いました。死んだと思った強盗団はそのまま去りましたが、母は刀を素手で防いだとき手の指の神経が切断され、傷が治っても右手の中指が曲がらなくなりました。

言うまでもありませんが、強盗団が襲っても、我が家には盗られる食糧も物資もありませんでした。疎開してあった貴重品は、日々の食糧を得るための物々交換でとっくになくなっていたからです。ちなみに、どれほど困窮していたかといいますと、食事面では家族のなかで優遇されていたはずの幼児のぼくでさえ、薪用の松の小枝が軒下に積んであったのをかじって毎日飢えをしのいでいたほどでした。それが当時の生活のスタンダードなのでした。

そんな生活破壊を自らも味わい、目の前に大勢の同胞の苦しみを見ることが、父の社会改革意識に再び火をつけたことは容易に想像できます。

それは戦前の労働者農民の苦しみとは因果関係が異なるものの、「この世を暮らしよいものにしたい」という一点では、同じ思いに収斂されていったことでしょう。

折りしも。

日本を「国民が主権を持てる国」に変えようとする連合国（事実上はアメリカ合衆国）の改革が実行されていました。そのうちの一つとして、一部の層に権益が偏重している経済制度の民主化が図られ、それと表裏の関係にある改革として、民主的な労働政党や労働組合の結成も奨励されたのでした。

父の決断もそれに後押しされた面がないとは言えないと思います。が、それがなくても、同じことをやったのではないかとも思います。

なぜなら、父は社会運動を計算ずくで始めたのではないからです。欲得のからんだ行為なら、現世的には失うものばかりのこんなこと、どうして踏み切れたでしょうか。

幼かった父を弁護士に憧れさせたのは、父の育った明治中期の弁護士が「天下公衆の正義のために働く義侠的職務、そういう認識を持たれていたことが理由である」

とすでに述べました。

このとき父を社会運動に復帰させた動機にも、大いに同種の義侠的動機があったのではないか、そのような気がしてなりません。

高橋武夫という人は、

「自分が自分らしくあるためには、背筋をまっすぐに立てていられるためには、自分のためではなく他人のために生きる。社会的弱者のために生きる。それしかない。それが自分の生きる張りになる」

そういう生得の特性を生きた人です。

だからこの復帰も、世間一般には「髙橋の政治的野心のなせる業」と映ったことだろうと想像しますが、父の内奥には、(おそらく外に向かっては一度も口にしていない)固有の生きがい観が横たわっていたのだということを家族としてぜひ付言しておきたいと思います。

「行蔵我にあり、批判人にあり」

とは、父が好んで口にしていた言葉です。

行蔵、すなわち出処進退ですが、父は孫(ぼくの長男)に「行蔵」という名前をつけたと

き、

「わしは、信念に貫かれた行動、そういう意味で行蔵という言葉を使うとる」

と解説していました。

社会運動に復帰した当時の心境をその頃の歌でお伝えします。

この道を　ひたにい行くが現実の　不幸となるもわれは退かざり

利己心を　まったく棄てし時にこそ　指導者となれ働きびとの

★

このようにして心の虚を埋めるべく歩み始めた父ですが。

しかし、戦前と同じように地方の労農運動のリーダーになったかに見えて、世の中と自己を見つめる視線には相当な違いが生じていたことをお断りしておかなければなりません。

それは、戦前と戦後の作歌活動の違いに如実に現れています。

戦前、社会運動に没頭しているとき、父はほとんど歌を作りませんでした。歌に向けるべき内的衝動が何も残らないほど、外に向かっておのれを吐き出し尽くしていたからです。

しかし、今回は社会運動に復帰しながらも、じつに穏やかな心の奥を数々の歌として遺しています。

それだけの距離感が世の中に対して、人生に対して生じているということだと理解できます。

それをゆとりと言うべきか、達観と言うべきかはわかりません。

想像としては、原爆で子どもたちの多くを、また研究成果のすべてを、そして全財産をも手放したことで、これまで自分を縛りつけていた現世欲のドロドロからふっと浮かび上がったような感覚。そういう感覚に繭のように包まれ始めたのではないかと思います。

命の管のなかをサラサラと流れている自分、それを感じている自分。

そんなような印象をぼくは持ちます。
それらの歌を少々紹介させてください。

平凡に　生くることこそ尊しと　悔いなく生くる我となりぬる

（政治的野心からではなく、義侠的使命感から社会運動に復帰したことの、これもその背景です）

豊かなる　心のゆとり持ちにつつ　たつきする吾《あ》を望みつつ老ゆ

大き芋　掘りあてし子は笑《え》まひけり　空の真洞《まほら》はさ蒼に澄みて

（子とは、姉二人とぼくのことです。喪った子どもの哀しみは生涯消えないとしても、生き残った子どもたちとの交流をその哀しみにかぶせ始めたのがわかります）

ほの闇の　山路に咲ける野菊花　手折らむとしてためらひにけり

（戦前の父なら、おそらくためらわなかったでしょう）

子が死にて　心極まり世を遠み　山にこもらひ聴く秋の風

虫の音の　澄み極まりて草も木も　動かぬ山の晝のしじまよ

庭石の　濡れたるうへに蛙いて　暮れおそき宵をひさに動かず

しみじみと　雨降る宵や亡き吾子を
　しのぶゆとりを愛《かな》しみにけり

などかくも　人は憎みて争ふや　庭のあら草ひとり摘みおり

毬なきに　毬あるごとき手振りして
　子ども遊べりひとりかそけく

子をつれて　旅するといふ一些事を　ことさら幸《さち》と意識して発つ

（広島から尾道の簡易裁判所に出向くとき、幼いぼくはよくいっしょに連れて行かれました。瀬戸内を走る車中、父とぼくは毎度のようにゆで卵を一つ分け合って食べましたが、そういうことが父のささやかな幸せだったように思います）

山にして　晝のしじまにひとり聴く　虫の音澄みて天に通へり

ドブロクの　酸っぱき味もふさわしき　われ敗残の民となりぬる

（敗残とは、大切にしていた支えを失った我が人生の無残でしょう）

木蓮の　花びら落とし春雨の　静かにすじを見せる夕暮れ

兵隊靴に　自転車踏みてわがいゆく　この焼け跡の冬の黄昏

（重いペダルで踏んでいたものとは何だったのでしょうか）

わが咳に　おののきおどろとび出せし　雛《ひよっこ》の眼の澄める朝あけ

（雛の眼に澄んだ朝を感じられる気持と社会運動への復帰とが同じ人間から発している、その心境をどうぞご理解ください）

当時の世相を写した歌も多数残っています。

いわばスナップ写真といった趣ですが、父を再び社会運動へと促した背景を想像していただけるのではないかと思います。

店先に　一個十円の菓子見つめ　買ひもせで行くさびしき顔々

我が受くる　事件ことごとく窃盗なり
　さびしくなりて空に目をやる

胡瓜食ひし　口の臭さもただよひて　敗戦国の汽車は走れる

インフレの　浪とうとうと逆巻きて　民は喘げり死ねとごとくに

戦災の　孤児にてあらむ垢に汚れ　パンツひとつで街をさまよふ

赤き旗　たなびかせつつ労働者　どよめき立てり怒濤のごとく

食へぬため　一家心中せしといふ　記事読めるときラジオの騒音

猫額《ねこひたひ》の　土手の空き地を耕せる　失職人の手は青白し

★

労働者農民党の広島県支部を結成して一年ともう少しあと。

昭和二十五年（一九五〇年）三月。

その父は、日本共産党に入党し、六月四日の第二回参議院議員選挙に、共産党公認で広島地方区から立候補します。

なぜ共産党に入党したのか。そして立候補したのか。

それについては生涯記にただひと言、

「戦線統一の必要を痛感し」

と表現されているだけで、詳しい事情はいっさい語られていません。

当時の状況を振り返ってみますと、悪性インフレを断ち切るための諸政策で社会的弱者の生活がますます窮地に立たされているというのに、その味方を標榜する革新政党が互いに対立し、批判をし合い、いっこうに国民のための結果を出せていない。そういういらだたしい状況が見て取れます。

父が戦線統一、すなわち「小異を棄てて大同につこう」と決意した背景には、それがあったのです。生涯記に書かれたひと言は、もっともな動機として受け取れます。

しかし。

ただそれだけの理由でしょうか、父が共産党に入党したのは。

家族としては、父固有の第二、第三の理由を掘り下げたくなります。

まず、昭和二十五年といえば、大戦で家族を失った哀しみと、生活基盤を崩壊させられたどん底から、国民がようやく将来に向かって頭を持ち上げかけた時期でもありましたが、同時に、隣の朝鮮半島ではアメリカとソ連を背負った韓国と北朝鮮の衝突が秒読み段階に入っており、日本各地の米軍基地化が急ピッチで進められている、そういう異常な状況でもありました。

「日本がまた戦争に？」

もうやめてほしい！　どれほど多くの国民が、泣き叫びたいほどの悲痛な気持に捉えられたことでしょう。

父は、そのことについて地元新聞に寄せた立候補の弁で、

「日本はいま、さながらアメリカの植民地のごとく基地化している。それを見ていると、

あの憎むべき戦争の火の粉を再び浴びることになりはしないか、そういう恐怖をひしひしと感ずる。私は先の大戦で愛児を失った一人として、アメリカが日本を基地化して始めようとしている新たな戦争にも、それにつき従うのみの現体制にも断固『否!』を突きつけ、日本の平和のために起ち上がるものである」

その意味のことを語っています。またそれに続けて、

「戦前、国家の在りように異を唱える共産党への弾圧が、すなわち戦争準備にほかならなかったという歴史的事実を思い出してほしい。私はそれと同じ危惧を昨今アメリカが先導している対共産主義政策からも強く感じているしだいである」

という意味のことも述べています。

「だからこそ」

そう。だからこそ父は、アメリカの主導するこの国体に異を立てようとするとき、他党ではなく、当時のアメリカ最大の対立軸である共産主義の政党に依って起つことに一つの意義を見出したのではなかろうか、と思うしだいです。

そして第三に、ぼくはこうも考えます。

父は詠み続けてきた数々の歌、それらを亡くなった子どもたちに捧げました。言い換えれば、自分の人生を亡くなった子どもたちに重ね合わせていたということです。

親子の情、家族愛とはまったく無縁で結婚までの年齢を過ごした父にとって、生まれて初めて得た家族というぬくもりは、何ものにも替えがたい幸せの源であったろうと想像します。

その幸せを形づくってくれた子どもたちが、長男の溺死のショックに追い討ちをかけるように、こんどは原爆で三人も亡くなったのです。自分もいっしょに死にたいほどだったにちがいありません。いや、事実上、このとき父は共に死んだのではないか、そういう気が強くします。

父が原爆後も生命を維持していたのは、「まだ残っている子のために生き続けねばならぬ」という理性が肉体を生かしていたのであって、人格的には何十%かすでに死んでいたのではなかろうかという印象を持ちます。

「ということは…」

何を言いたいのかといいますと、「絶対反戦」を主唱して、わざわざアメリカの最大の敵国を後背に戴く政党から立候補したのは、自分の子どもを殺した国アメリカに対する、じつは個人的な弔い合戦の意味合いもあったからではないのかと。

くり返します。

共産党への入党と立候補、その目的には、自分も幽鬼と化した父が、亡くなった子どもたちの霊を慰めるために、憎んでも憎みたりないアメリカに弔い合戦を仕掛けようとした、そのこともあったのではなかろうか、ということです。

愛する子どもが亡くなるということは、籠から果物がなくなるのとはわけが違います。髙橋武夫の七人の子どもたち、すなわち七つあったリンゴが三つ（姉二人とぼく）になったのとはまったく違うのです。子どもはリンゴではなく、このたとえで言えば果物籠を編み上げている竹ひごそのものなのです。だから子どもが死ぬと籠が崩壊し、つまり人格が崩壊してしまうのです。

子どもを亡くした人の戦争に対する憎悪の念は、それゆえに強く深いのです。崩壊した人格は、残っているリンゴによって治癒されるわけではありません。それどころか残っているリンゴまで、往々にして壊れた籠から転がり落ちてしまうのです。それは事実です。

「一起ちゃんには悪いことをしたねえ」と九十を過ぎた母は言いました。「原爆でみんなが死んでから、父ちゃんもわたしも、なんか意欲がのうなったけえねえ。子どもらをどこにも連れてってあげんかった。いっしょに遊ぶこともせんようになったし」

わかりやすく言えば、原爆を契機に子育てへの情熱を失ったということでしょう。が、ぼくはいま、そうはとっていません。

これは子育ての問題ではなく、父と母の人生に対する距離感の問題なのだろうと思います。いわば人生のあまりの仕打ちに、人生と深く関わり合うことをしなくなった、そういう態度が否応なく沁みて出てきたのではないかと思うのです。その結果、生き残った子どもたちに対しても、淡々とした距離のある接し方になってしまったのではないかと。恨み言を言いたいのではありません。それほどの深手を負わせられたということなのです、両親にとって、水死に続いて原爆で子どもを喪ったということは。

こういう第二、第三の理由を共産党への入党、立候補と結びつけるのは、あまりに情緒的解釈に偏しすぎているという声はありましょう。

「あくまでもイデオロギーの問題ではないのか。共産主義を受け容れるか否かは、それほど重い選択なのだから」といった。

が。

しばしば訴訟の依頼人の不幸な立場に激しく感情移入し、依頼人同様にグッタリしていた髙橋武夫、その損得を度外視した、一種狂的とも思える灼熱した反骨精神を知る身としては、反戦の血刀をさげて巨人アメリカに斬りかかったドン・キホーテ髙橋武夫像に、かなりの真実を見出してみたい気がするのですが、いかがでしょうか。

反骨を　こころよしとするわが性《さが》を
誇りとなしてわれは生くるも

★

こうして共産党に入党し、参議院議員に立候補した父ではありますが。
その人は同時に、先に一四四ページでご紹介した歌にあるとおり、

「平凡に生くることこそ尊し」

と、被爆を通じてすでに感得した人でもあります。

その点からしても父は、国会議員になりたいという野心を抱いて立候補したわけではないと断言できます。

だいいち当落について言えば、当選の可能性がゼロであることは現実に少し目をやっただけでも明らかなことでした。

その選挙があったのは、日本初の社会党を軸とした連立内閣が国民に大きな失望を与えて間もない第三次吉田内閣下です。左翼政党に猛烈な逆風が吹いていることは百も承知だったでしょうし、それに加えて選挙区の情勢を分析すれば、「あわよくば」の思いさえなかったでしょう。

こういうこともありました。転校生のとても頭のよい友人が、

「君ンちのお父さんはどうして選挙に出たの」

と標準語で大人っぽく尋ねたので、そのことをわざわざ父に言うと、

「通るために出たんじゃない。わしの思いをちょっとでも世の中に広められりゃあそれでええ」

そう答えました。それは本音であったろうとぼくは思います。

さらに、落選後のある日のこと。

「選挙のことで、学校で何か言われたか」

と父が問うたので、

「上級生に、おまえのお父さん、オチタ、オチタと馬鹿にされた」

と答えると、しばらく遠くの方を見ていましたが、やがてぽつりと、

「かわいそうなことをしたのう」

と言って背を向けました。

その言葉には、じつは後の幕引きを予見させる心情がすでに見え隠れしていたのでした。もちろん、そのときのぼくに看破できるはずもありませんでしたが。

髙橋武夫は共産主義について、いったいどういう認識を持っていたのか。たとえば、血で血を洗うに似た諸外国における革命手法について。そして革命成立後に現出している自由と平等が偏した社会について、どのような見解を持っていたのか。

この歌集をまとめるに際し、ぼくはずっと疑問に思ってきました。

が、残念ながら歌にも生涯記にも、何も残された言葉がありません。父の存命中、ぼくからそのような質問をしたこともありません。

父の考え方を推し量る唯一の材料としては、選挙の同年、日本共産党が諸外国共産党機関から「政権奪取の闘い方が手ぬるい」と批判を受けたことで分裂抗争し始め、結果、ソ連や中国のように武力による政権奪取を主唱する一派が主導権を握ったと見るや、即座に離党した事実があるだけです。

「では…」

ほんの短期間（三月入党、十月離党）にしろ共産党員となり、そこから選挙に出たことを高橋武夫は悔いたのでしょうか。

その答は、「戦線統一の必要性から」という政治的動機を重く見るか、「弔い合戦のため」という情緒的解釈を重く見るかで異なります。

後者については後ほど（結果として）触れることになりますが、ここで前者についてのみ言っておけば、戦前から戦後の回転軸を狂わせたコマのようになった国家には、人に大いなる相克を生きさせるカオスが渦巻いていたのだろう。そう述べるにとどめおきたいと思います。

くちなしの　香のこもりゐる部屋ぬちに
　　　血のしたたれるビフテキを食ふ

（ぬち＝の内。上代語）


ところで。

この時期、父の遺した異色歌。

ぼくはこの歌をずっと、ダリやミロを想わせるシュールリアリズムの一首と受け取ってきました。そこには、我々が内奥に抱える獣の本能に通ずる性情と、理性や感性、品性できちんとコントロールされた性情、それらの桎梏にあがく人間の現実が象徴的に捉えられていると。

もちろん、そういう解釈でよろしいと父は言うかもしれません。

が、何度目かの読み返しをしていて、ふと感じたのです。

先に「共産主義に対して父が抱いていた認識を表したものが何も遺されていない」と言いましたが、もしかしたらそうではないのではないかと。

この歌がもしかしたら、共産主義に対する父の決別の辞なのではないかと。

つまり。

「くちなしの香のこもりゐる部屋」とは、じつは武力革命後に訪れると語られた理想社会の隠喩であり、そして「血のしたたれるビフテキ」とは、それを熱く語ってきた指導者たちのその唇から、じつは革命に参加した人民の血がたらりたらりと滴り落ちている、そういう隠喩ではないのかという。

そして、常闇《とこやみ》のような沈黙へ。

この共産党からの離党を最後として、父はいっさいの政治活動、社会運動から身を退きました。

広島という狭い地域社会、隣人の顔が肩越しに見えるその距離においてさえ、髙橋武夫は確認できないほどになりました。

「表舞台から消え去った」

そういう印象を受けます。

父の性向には、たしかに極端から極端に振れる特徴があったように回想します。

熱するのも極端なら、冷めるのも極端。

あるときは自らの血で認めたラブレターを送り、またあるときは「バクダン男」と異名をとるほどのエネルギーを爆発させ、逆のケースでは、白人の落とした原子爆弾で子どもを失った憤りから白人文化すべてを憎悪し、長年の精神的支柱であったキリスト教にまで背を向けてしまった徹底ぶりも、その好例と言えます。振れる幅の大きさ、振れるスピード、どちらにも常人にはない爆発力が宿っていたように思います。

この幕引きは、言ってみれば、まさにそういう性向の最後の大爆発（いや大陥没？）でした。

生涯記の既述も、以降は担当した主な事件名の列記と、家族の簡単な身上書だけしかありません。

「これにて我が人生は終焉せり」

そうは書いていませんが、生涯記のまとめ方だけを見れば、明らかにそう語っています。

自由法曹団の弁護士としての活動についても、昭和二十四年に起こった戦後史に残る松川事件（かの吉川英治、川端康成、志賀直哉、武者小路実篤、松本清張など多数の文化人の支援もあって日本中の耳目を集めた国家的冤罪事件）の弁護団の一員となった記述、および昭和二十五年の連合国軍総司令官マッカーサーによるレッドパージ（共産党員とその同調者一万人超の人々が追放された事件）の弁護にたった記述を最後として、あっさりと終わっています。

あれほど自身の背骨となり血肉となった活動母体、自由法曹団の弁護士としての仕事にさえ、もはや心理的に遠い距離を置いたかに見えます。

離党した昭和二十五年十月、それはちょうど五十四歳の誕生日を迎えた月にあたりますが、そのときから先、七十六歳で死ぬまでの二十二年間、髙橋武夫は世間的にはまるで存在しなかったかのようなのです。

ふつうであれば、離党はしても、社会的弱者のために生きる別な活動方法を模索する、つまり局面を変えるだけで表舞台には居続けるでしょうに、そうはしなかった。

それはいったいなぜだったのでしょうか。何がいったいあったというのでしょうか。

この激変の奥を探るために、ぼくはここで、二九ページで「後に触れる」とお約束した歌集のタイトルが消されている理由、そこに話を繋ぎたいと思います。

そのときぼくは、

「病的なほどきれい好きで、物事を隅から隅までおろそかにすることのない几帳面な父が、肝心の表紙の、それも大切なタイトルを消したままに汚して放置したのはなぜか」

という疑問を呈しました。

「無題にしたいなら、さっさと新しい白紙の表紙につけかえるのが父のやり方であろうに、つじつまが合わない。あえて三つのタイトルを消したまま残した。それも、わしはタイトルをわざわざ消したのだ、という意思を声高に伝えるためであるかのように、きちんと定規をあてた太い赤い二本線を引いて」

そこには、いったいどんな意思が潜んでいるのだろうかと。

さて、その答なのですが…。

それをぼくは次のように考えたいと思っています。

まず第一に思うことは、

「歌に託した我が人生は、限定的なタイトルでくくれるものではない」

という意思表示ではないのか、ということです。もちろん、そうであったろうと推察します。

が、そういうレトリック上の問題だけだろうか、という思いがすぐに追っかけてきます。

タイトルを消し、そしてその痕跡をわざわざ残した行為と、世間に幕を引いた行為との間には、何か同じ哲学的な意味、同じ人生観が横たわっているのではないのか、そういう気がしてなりません。

すなわち、第二に思うこととは、タイトルを消したのは「無題にした」という意味ではなく、

「人生を修飾しようとする行為そのものが空《くう》である」

そういう価値観を伝えたかったからではないのか、という解釈です。

作者はタイトルに、ただ単に「内容を正しく要約しよう」という気持だけでなく、「より魅力的に見せたい」、「これで世間に牙を立てたい」、「自分をデモンストレートしたい」などなど、思いのたけを凝縮します。交錯するのは気負い、ポーズ、自負。ひとことで言えば自己顕示欲。もっと言うなら、自己顕示欲を支える現世欲（権勢欲、名誉欲、金銭欲）です。

タイトルはそういう意味で作者の人格の投影かもしれません。人格が大げさなら、個性、人生への態度、あるいは価値観が憑依したものと言いなおしましょうか。

父がタイトルという存在に、そこまでの思いを巡らせたとはかぎりませんが、しかし、

死の前年の六月、歌集をまとめ終わったとき、
「これをいまさら力みかえって飾り立てることはしたくない」
少なくともそういう気持に支配されたのではないか、とぼくは想像するのです。それも、そのとき不意にそう感じたのではなく、二十年以上前から着床していた価値観によって。

そう思うには、じつは理由があります。

幕引き時、そして歌集をまとめた前後。二十年を隔てて詠まれた同じ価値観の歌をぼくは発見しました。

物欲《ほ》りて　生きとふことの愚かさを　今にして知る子を喪ひて

名もいらぬ　役も欲《ほ》りせず樹の枝を　風のわたるを見る心はも

前の一首は幕引き直後の五十四歳に詠まれたもの。

そしてあとの一首は最晩年の七十五歳に詠まれたものです。

前の一首から、父は幕を引くと同時に、この世の争いごとの外に出ることにしたのだということがよくわかります。また、あとの一首からは、父は依然としてその価値観を養い続けていたのだということがよくわかります。

言い換えれば、まず父は、亡き子の弔い合戦を終えたのを境にして、

「長い間の憑き物が落ちた」

そんな気持になったことが察せられます。

この場合の憑き物とは、欲。すなわち今生での勝ち負け、損得、権勢、名誉不名誉などの、父がそこから出た価値観。要はつねに結果を問い、結果を競い合うこの世の価値観のことです。

だから父は幕を引いたのであり、それから二十一年後、渡る風に我が人生を吹かせながら、父は名誉からも役職からも遠く隔たって、人生の総決算ともいえる歌集のタイトルを消したのではないかと思うのです。

「人生を修飾しようとする行為そのものが空である」

その思い。

それは、幕を引いた髙橋武夫の、五十四歳以降の髙橋武夫の、絶頂期でさえ目玉を涙に震わせていたあの髙橋武夫の、噛みしめ、反芻しながら養い続けた達観だったのではないか。

そのようにぼくは考えています。

★

こうして戦前から戦後の父の変転を見てきますと、父の人生からは万人共通の避けがたい現実が浮かび上がってまいります。

それは、何度も何度も言いましたが、

「人生とは、なかなか思いどおりにゆかんもんじゃのう」

という現実です。

父はずっとそういう現実に「ナニクソ！」と刃向かい、つまり思わしくない結果を受け容れようとはせず、転んでは起き、また転んでは起きしてきました。が、戦後の社会運動への復帰とそれからの離脱、言い換えれば亡くなった子どもたちのためのドン・キホーテ的弔い合戦の終焉によって、

「打てる手はぜんぶ打った。やるべきことは、やり尽くした」

その心境にやっと到達し得たのではないかと想像します。

ある種の達成感でしょうか？

いや、達成感とは異なる感じがします。

父は、成し遂げた、のではなく、この先に敗北が確実な断崖があることを知っていて、そこに向かって突進し、そして予定どおりに崖から墜落した。いうなれば、そういうことだったのではないでしょうか。

反骨に生きた父が、思いどおりにゆかなかった人生と決着をつけるためには、絶体絶命の断崖に向って走る。その最後の反骨。まるでおのれの人生に反骨するかのような反骨走りが最後の最後に必要だったのではないか、と考えます。

そして予定どおり、父は社会的に断崖から墜落しました。

が…。

ほんとうは墜落をしませんでした。

断崖の淵から一歩踏み出したとたんに、父の意識自体は宙に浮き上がったのだろうと想像します。

先ほど言った「憑き物が落ちた」のはそのときでしょう。

そして、憑き物が落ちた髙橋武夫は、目の下に自分の関わってきた世間を眺め下ろしながら、これまでしゃにむに目的を叶えよう、なんとしても結果を出そう、そればかり執着して生きてきたけれど、

「結果ではなく、プロセスこそ大事だったのではないか」

人生は結果ではない。大事なのは何を積み重ねてきたか、そのプロセスがすべてだったのじゃないか。

そういうしみじみとした感慨を湿った五十四年間から搾り出したのではないだろうかと推察するしだいです。

そしてさらに、なのですが。

父はそういう心境さえ、

「もはや他人に言う必要なし」

そうも思ったことでしょう。

最晩年になって、歌集のタイトルを消してみせるという象徴的な手法で、わずかに自分の価値観を表しはしましたが、その意図だって
「誰にも伝わらんでええ」

そう考えていたのは明らかだと思います。

ぼくがここまでの解釈をするのは、けっして親と子だからではありません。あの父の子だからではなく、誰であれこのように考えないと、死までの二十二年間の、まるで常闇の扉を閉ざしたような極端な沈黙の説明がつかない、そう感じられるからなのです。

★

では。

思いどおりの結果が出なかった自分の人生をようやく肯定できるようになった高橋武夫は、いったいどんな歌を詠むようになったのでしょうか。

答。

それはまだ五十代半ばながら、早くも人生を総括したような歌となりました。ま、当然と言えば当然のことですが。

それらの歌を少々。

叛骨と　孤高を愛し生きて来し
　わが過ぎし日に悔いはあらざり

こしかたは　いばらの道でありしかど
　いまは安けく死にゆけるかも

平凡に　生くることこそ幸せと　妻と語らふ齢《よわひ》となりぬ

やがて死ぬ　くよくよするなやがて死ぬ
　呑気に暮らせものを思はず

過去はみな　忘却の淵に沈めきて　いま仰ぎみる蒼き真洞《まほら》よ

★

同時に。

物事の陰に入ったように暮らし始めてから、父は歌をあまり作らなくなりました。作っても、原爆の歌が猛々しい筆致の、絵の具の盛り上がった油彩画のようであったとすれば、幕引き後は水墨画を想わせる歌が多くを占めるようになりました。

作歌姿勢は人生観そのままです。

前に、生き残った子どもたちへの態度のことでも同種の話をしましたが、父は幕引き以降、身の回りに起こることと自分との間に、静かな大きな川の流れを横たえたかのような印象を受けます。

花びらが　落つるしじまを寺の鐘　鳴りいでにけり模様のごとく

ことごとく　葉を落としつくして冬木立つ
老いにしわれの心に触れて

雲の峰　うごかぬままに日は暮れて　人のかよはぬ道は遠けれ

人の世の　わづらひ事や心おもく　深山に入りて樹に對《むか》ひおり

あたらしく　藤棚作り植ゑかへし
藤芽を出さず立夏となりぬ

川澄みて　月まろくうつるその上を　静かに大根ながれゆきたり

庭石の　皺のくぼみにかぼそくも　すみれ咲きおり晝のしじまに

にわとりを　生きたるままで毛を毟る　男の微笑さむざむと見し

柿の葉の　朱《あけ》あざやけし大空の　蒼きが傘のごとくかぶさる

島と島　かさなるあたり朧《おぼろ》にて　夕月照れば匂ふがごとし

あけちかし　亡き子の夢をみしからに　心あかるく道を歩めり

ぼたん花　咲き極まりてただ一輪　浮かべる夕べ風も動かず

ねむり足り　床上に聴く木の枝を　すべり落ちたる初雪の音

高橋武夫はいかに思って死んだのか。

社会運動の舞台から退いた高橋武夫は、では、あれほど「生得の特性に発する」と強調してきた生き方、すなわち社会的弱者の役に立っている実感を持つことで背筋を伸ばせる、という生き方まで転換してしまったのでしょうか。

いいえ。

存在を消した五十四歳以降は、その対象が、社会運動をしていたときの不特定多数から、訴訟の依頼に来てくださった縁ある個人に移っただけの話だったのです。じつはそうだったのです。

もちろん、運動量は比べものにならないほど小さくなりました。が、この種の行為はもとよりスケールでその価値を決められるものではありません。

ぼくはじつは、こののち、七十六歳であの世に逝くまでの残りの二十二年間こそが、父の価値観の集大成の時期ではなかったかという気がしています。

たしかに、社会的にはあえて記録にとどめるべきことの何もない、平凡で、誰の注目も集めない、無名で過ごした二十二年間ではあったでしょう。しかし、父はマス・メディアにさらされる社会に広く関わっていたときと同じように、いや、同じようにというよりも、自身がもう競争社会の損得や勝ち負けに振り回されなくなったからこそ、以前より無垢な、そして深々とした満足を毎日の生業から得られるようになったのではないでしょうか。

すべてみな　条件宿命とあきらめつ
　　　こころ安けく日々を暮らさむ

（父もまた生得の条件というものに思いを至らせていたことをこの歌で知りました）

原爆で　死にてありしと思ひなば　諦めのつくことにてありけり

（日常の煩わしい出来事を生死の鏡に映して眺め始めたことがわかります）

葉桜の　下にたたずみ思ふこと　わが人生もこのごときかと

親と子の　絆は血のみ老いゆけば　心ははなれ孤独なりけり

（人はしょせん独りで生まれ、独りで死んでゆくものです）

静けさと　寂しさに満つ川べりの　一筋道を行くはわれのみ

わくらばの　落ちなむとして揺れており
　　そのたまゆらをじっと見つむる

晩年の父の価値観の純化について、ぼくには忘れがたい思い出があります。それは大学生になって東京に出ていたぼくが帰省したときのことです。

我が家は大正時代にできた古い日本家屋に引っ越していましたから、各部屋のプライバシーというものがあまりありません。まして夏でしたから、仕切りの襖も開けっぱなし。父が訴訟の依頼人と話をする応接間の声は、居間に寝転ぶぼくのところにもよく聞こえてきました。

「それでセンセ、なんぼお礼をしたらえんですかいの」と依頼人の老婆の声。

「決まりはこういうことになっとりますが…」そこで父がおそらく紙に何かを書き示して

いる間があって、そして。「じゃが、ええんですよ、あるときで。ないならないで、ええですよ」

ぼくはそのことをけげんに思い、が、直接父に問うのも憚られ、母にあとでこっそり尋ねました。

「訴訟費用をいらんとさっき言うのが聞こえたけど、いつもそう?」

「ぜんぶがぜんぶ、そういうわけじゃないが。この頃はそうなんよね。ああいうふうに変わってしもうて。一起ちゃん、玄関の仏さんの前のお供え見たでしょうが」

「見たけど?」

「あれが訴訟費用のかわりよね」

骨董好きの父は、仏像も蒐集していました。そのうちの一つ、観音様の立像が玄関から入ったすぐの間に、来客と対峙するかのように置かれていたのです。お年寄りは玄関に入ると、まずたいていその観音様に手を合わせますが、その足元に、そういえば赤や緑の着色も毒々しい水羊羹が、古新聞の包み紙を解かれて供えられていました。

「駅裏のマーケットでね、買うて来るんよね。お金を払えんかわりにせめてこれを、言うて」

母は淡々と、そのことを特別不満に思っているふうもなく答えました。

ぼくは、原爆で子どもも財も研究成果も失った父に、「物欲《ほ》らない生き方」を尊しとする歌があることは、この歌集のまとめをするまで知りませんでした。

この思い出がそれと符合していたことをこのたび知り、新たな驚きに捉えられました。

社会的弱者の役に立つことで喜びを得る人生、それで自分の存在理由を確かめられる人生。それもこの思い出にあるように、ひっそりとした行いに形を変えて、変わらず実践され続けていたことがわかったのも、ぼくにとってすばらしい驚きでした。

★

父は、辞世の歌を二度詠んでいます。

幕引き後は、余生を見つめる人生、死を一日また一日とたぐり寄せる人生、そういう心持ちだったのではないでしょうか。

これは父の死後、母から聞いた最々晩年のエピソードですが。

晩ご飯の支度ができたので父を呼ぶと返事がないんだそうです。あの部屋、この部屋と部屋数だけが取り得の日本家屋のなかをあっちこっちしても父がいない。

「散歩にでも行ったんじゃろうか」

そう思いながら、うっそうとした庭の片隅にふと目をやると、父が薄暗い庭石に腰掛けて、暮れなずむ西の空をじっと見ていたのだそうです。

そのときを初回として、以降同じことが幾度となくあったとか。

その話を聞いた瞬間、ぼくは子どもの頃に飼っていた犬が死んだときのことを思い出しました。

その犬は死ぬ間際、人間が膝を崩しているような横座りをして、日が沈む頃になると、西の空に向かって喉を上げ、

「ウオウオウ、ウオウオウ」

と吠えたのです。

その寂しげな声と姿はいまでも忘れられませんが、死期が近づくと、人間も犬も、自分がこれから昇ってゆく場所がわかっているのでしょうか。

残光に染まる儚げな西の空には、死の際になると何が見えるのか。仏教では、人間界から十万億の仏土を隔てた西方に極楽浄土があると言いますが、父には、そしてあの犬にも、そこが見えていたのでしょうか。

ぼくは、あんなに必死で祈ってもらって生まれた子どもであったのに、親の期待にことごとく背き続けた人間です。そういう意味でも、水泳や原爆で亡くなった兄姉のあけた虚を代わりに埋めることなどできませんでした。いや、むしろ虚を大きくしたのだと思います。

ですから、こうして歌を通じて父と母の人生をたどり、それを反芻することは、ぼくにとって墓前で手を合わせることと同じ意味を持っています。母は九十七歳で亡くなりましたから、その年齢にはまだ時間がありますが、父の死まではあとわずか十年です。

もとより父とぼくとでは、生得の条件が大いに異なります。が、父の人生をたどってみると、父の指し示している価値観が、いかにぼくの六十六年間で感得した価値観と重なり合っているか、その重なりの大きさにあらためて驚きましたし、そこに親と子の繋がりの意外を感ずるしだいでもあります。

父は、昭和四十八年(一九七三年)四月十日の夕刻、風呂上りに脳溢血で斃れ、昏睡したまま、翌日帰らぬ人となりました。

ぼくはかつて、演劇の道に進むため大学の授業にまったく出ず、そのことで親を欺いていたことを謝罪するために、十九歳の真冬、九州行きの寝台特急に乗って郷里広島に向かいました。そのときと同じ特急になんとか間に合い、翌早朝実家に着きました。

枕辺に座ると、父はすでに意識がなく、ただ大口を開けて、轟々と息を出し入れしていました。できることといえば、割り箸の先に脱脂綿を巻きつけて、喉に詰まる痰を取ることだけでした。

「痰を詰まらせて父を死なせてはいけない」

冷静になれば、もはや理屈の通らない行いなのに、少年のようになって必死にぼくはその作業に没頭しました。

思い出されるのは、医者が臨終を告げたとき、天井から父が見下ろしている気がして、そこを振り仰いだことです。枕元の電気スタンドだけの暗い天井でしたが、それは青空を仰ぎ見たような晴れ間でした。

なんという一生だったのでしょうか。その生い立ち。長じてからの社会との摩擦、闘い。挫折。子どもの死。

何も父が特別不運だったというのではありません。が、ぼくが思うのは、そういうプロセスを通じて、人は何に至るのか、何に至るべく生まれているのか、ということです。人それぞれに生得の条件が異なりますから、ゴールも自ずから一律ではないでしょう。ただ、父の場合で言えば、父はその生い立ちにより「ひとさまのお役に立つ仕事に就きたい」と念じ、そしてその実現のため国や法、制度と闘い、その闘いをやめたとき、こんどは身近にいるか弱い、無器用な人々に身を寄り添わせる生き方に転じた。そういうプロセスが見て取れます。

国家だの社会だの制度だのと言わなくなって、父の場合は初めて、人に喜ばれることで自分も喜びを得る、そういう素朴な喜びを実感したのではないでしょうか。

すばらしい終焉だったとぼくは思います。そのすばらしさは、玄関の仏様の前の、新聞紙にくるまれた原色の水羊羹が語っていたと思います。それにまさる感謝はありません。

ぼくもその水羊羹に手を合わせたい気持です。

長い間読んでいただいてありがとうございました。辞世の歌を最後にご紹介してお別れします。

亡くなる六年前、七十歳の辞世の歌。

我が道を　往きて悔なし悲しきも　憂きことも今は遠き思ひ出

そして亡くなる前年、七十五歳の辞世の歌。

白菊の　黄菊のきそひ咲く日なり　いざ語りなむいざや飲まなむ

晴れやかにこの世を終えたことがわかります。父ちゃん、また会いたいですね。

■著者略歴
高橋一起（たかはし いっき）

「犬のように死にましょう」「性の器」「正しい生活」

「死者たちのフェアウェイ」「双頭の性。」「奥州王。」

「サヨナラ、東京。」などの作品を発表。

1941年、広島市生まれ。

父の遺した三十一文字。

2008年 5月 8日 第1刷印刷
2008年 5月15日 第1刷発行

著　者　高 橋 一 起
発行者　高 木 　 有
発行所　株式会社 作品社
〒102-0072 東京都千代田区飯田橋2-7-4
電　話 03-3262-9753
FAX 03-3262-9757
http://www.tssplaza.co.jp/sakuhinsha/
振　替 00160-3-27183

装　丁　小川惟久
本文組版　米山雄基
印刷・製本　株式会社 シナノ

落・乱丁本はお取替えいたします。

定価はカバーに表示してあります。


ISBN978-4-86182-194-3 C0095